Carl Friedrich Zimdar

Freundschaft, Liebe und Eifersucht

Trauerspiel in 5 Aufz. Brünn 1783

Carl Friedrich Zimdar

Freundschaft, Liebe und Eifersucht
Trauerspiel in 5 Aufz. Brünn 1783

ISBN/EAN: 9783743608962

Hergestellt in Europa, USA, Kanada, Australien, Japan

Cover: Foto ©ninafisch / pixelio.de

Weitere Bücher finden Sie auf **www.hansebooks.com**

Freundschaft, Liebe und Eifersucht.

Trauerspiel
in fünf Aufzügen.

Von

Karl Friedrich Zimdar.
Deutscher Schauspieler.

Aufgeführt auf der Brünner Schaubühne, unter der
Impreßa des Herrn Romann Waizhofer.

1783.

Brünn,
gedruckt bey Joseph Franz Neumann.

Der
Hochgebohrenen
Frauen Frauen
Maria Amalia,
des Heil. Röm. Reichs - Gräfinn
von Monte l'Abatte.

Gebohrnen-Reichs - Gräfinn von
Rotdal.
Frau der Herrschaft Bistritz.

Ihro Hoch- Reichs- Gräfli-
chen Gnaden
in aller Unterthänigkeit

gewidmet

von

den Verfasser.
Karl Friedrich Zimdar
deutscher Schauspieler.

Hochgebohrne
Frau. Frau.
Ihro Hoch = Reichs = Gräfli-chen Gnaden!
2c. 2c.

Nimm hier zur Dankbarkeit den
Willen für die That,
Du Schützerinn von Mel-
pomenens Kunst!

Und schenke mir, warum so oft ich
schwiegend bat;
Auch künftig hin, Gewogenheit
und Gunst.

Freundschaft, Liebe und Eifersucht.

Trauerspiel in fünf Aufzügen.

Personen.

Frau von Wallstät.	Mad. Unger.
Fräulein Charlotte, ihre Tochter.	Mad. ....r.
Graf Bernau.	Herr Schilling.
Graf Lichtenberg.	Herr Zimdar
Herr von Sommers.	Herr Baumann.
Herr von Nord.	Her .... aizhofer
Ein Kaffeewirth.	H... Unger.
Anton, Bedienter der Frau von Wallstät	Herr Oelperl.
...n Bedienter des Grafen Lichtenberg.	Herr Zisar.
Ein Bedienter des Herrn von Sommers	Herr Wenda.
Ein Bothe.	
Ein Aufwärter im Kaffeehause.	
Verschiedene Bediente.	

Er=

Erster Aufzug.

Erster Auftritt.

Zimmer in einen galanten Kafféehause Graf
Bernau. (in Reisekleider legt im Her-
eintretten Hut, Stock und Handschuh
ab.)

Wirth. (welcher den Grafen bis in die
Thüre begleitet und das Zimmer anweißt,
indem er geschäftig wieder abgeht) haben
Sie die Gnade herein zu tretten, sollen so-
gleich bedient werden.

Gräf. (allein) Ich bitte darum! ——
Sagt dir es dein Herz nicht Lotte, daß ich
so nahe bey dir bin? — O! welche Scene
wird das seyn! — O wie selig ist das Ge-
fühl! wie unbegreiflich schön der Augenblick

A   des

des Wiederſehens, den getrennten Liebenden!
Trennung ſchaft ihnen Leiden, aber eben dies
Leiden verdoppelt ihre Freuden, beym Wie-
derſehen tauſendfach! das fühl ich! — —
fühl's ſo, daß ich die Stunden überſpringen,
und ſchon jezt den Augenblick erhaſchen möchte, dich in meine Arme zu drücken.

Zweyter Auftritt.

Graf der Wirth mit Koffée.

Wirth. Hier gnädiger Herr!

Graf. Kann ich hier allein ſeyn?

Wirth. Nicht gut, gnädiger Herr, es iſt
das Zimmer, wo ſich die Herrn und Kava-
liere zu verſammeln pflegen.

Graf. Da möcht' ich nicht gerne geſtört
ſeyn. Kann ich kein anderes Zimmer haben?

Wirth. O ja! aber den Koffée können
Sie hier noch gemächlich trinken, eher ſie
kommen.

Graf. So? ſo iſt ein anderes Zimmer
ohnnöthig. Ich werde mich nicht lange aufhalten.

Wirth. Wie Sie befehlen. Sonſt Zimmer genug.

Graf.

Graf. Nein! nein! (schenkt sich Koffée ein) Sagen Sie mir doch, ist nicht hier in der Nachbarschaft das Haus der Frau von Wallstät?

Wirth. Ja. Der gnädige Herr sind also schon hier bekannt in der Stadt?

Graf. Wenig! ich bin vor einigen Monaten hier durchgereißt.

Wirth. So so!

Graf. Sind Sie bekannt, in den Hause der Frau von Wallstät?

Wirth. Wie sollte ich nicht? —— auch das junge Fräulein kenn ich!

Graf. So? (trinkt unter dem Gespräch) kennen Sie die?

Wirth. Sehr gut! — Man macht erstaunendes Aufsehen, und Lärmen von den Mädchen!

Graf. Wirklich?

Wirth. Aber, wies nun geht! — einen gefält das, den andern jenes! Ich finde nichts außerordentliches an ihr! — Sie sieht ganz artig aus, das ist wahr, auch soll sie Verstand haben, wie die Leute sagen, —

Graf. So? sagen sie das?

Wirth. Und wenn ich bedenke, was für eine Menge Freyer, sie gehabt hat, und noch hat, so muß wohl was daran seyn.

Graf. Hat sie so viel Freyer?

A 2 **Wirth.**

Wirth. O! — — unzählige! — Sie geht nie aus, ohne einen ganzen Schwarm, der schönsten jungen Herren um sich zu haben! alle Damen in der Stadt beneiden sie darum!

Graf. Was das geredet ist!

Wirth. Nichts als die Wahrheit gnädiger Herr, nichts als die Wahrheit!

Graf. (seinen Zorn verbergend) wenn Sie denn alles wissen, sagen Sie mir doch, wird sie sich bald verheurathen?

Wirth. Ey! ey! Sie fragen so genau, so umständlich! als ob Ihnen das Fräulein näher als eine zufällige Freundin bekannt wäre! wenn das ist, so bedaure ich von ganzen Herzen!

Graf. Daß ihr Leute gleich bey einer Frage, die euch auffällt, Herzenskündiger seyn wollt!

Wirth. Ich bitte um Verzeihung gnädiger Herr! so wars nicht gemeint! — Ich wollte nur damit so viel sagen — —

Graf. Viel oder wenig, es ist genug! beantworten Sie mir jezt meine Frage.

Wirth. Mit der aufrichtigsten Aufrichtigkeit.

Graf. Kennen Sie einige von Ihren Verehrer?

Wirth.

Wirth. Das follt' ich denken! — — die Herren erzeigen mir jederzeit die Ehre, und befuchen mein Haus, wenn sie der Fräulein die Kour gemacht haben.

Graf. So?

Wirth. Auch öfter außer dieser Zeit, wenn sie nicht angenommen werden.

Graf. Und reden alsdann wohl hier öffentlich, von ihren Liebesangelegenheiten?

Wirth. Nun! — wie's kömmt. Bey so viel Freyern können Sie wohl denken, daß es ohne Eiferfucht nicht abgeht. Unter andern sind da zwey Reiche, wovon der eine dem anderen den Vorzug streitig machen will. Und —

Graf. Und dieser beyden ihre Namen?

Wirth. Der eine ist ein gewisser junger Herr von Sommers, hat hier auf der Grenze ganz ansehnliche Güter, und viel Vermögen! aber flüchtig wie Niesewurzel! friesirt sich immer a la Herison, a la Càcadúx, wie das so bey unseren jetzigen jungen Herrn alles heißt. Und parfumirt sich immer wie eine ägyptische Mumie!

Graf. Und der andere?

Wirth. Der andere? — mit dem möcht's wohl Ernst werden, wie die Rede geht. Es ist aber auch ein sehr artiger feiner Herr,

A 3
der

der viel Lebensart, und wie gesagt, viel
Vermögen hat.

Graf. Und heißt?

Wirth. Graf Lichtenberg!

Gräf. (wirft die Tasse auf die Erde.)
Teufel und Hölle!

Wirth. Was ist Ihnen gnädiger Herr?

Graf. (mit verbissener Wuth umher-
gehend.) Nichts! — nichts! — die Tasse
brannte mir die Hand! —

Wirth. Hm! hm!

Graf. (schnell) Können sie mich beher-
bergen?

Wirth. O ja! sehr bequem, es soll
Ihnen an nicht fehlen!

Graf. Gut! und wenn die Herren kommen, so lassen Sie's mich wissen. Ich möch-
té sie gerne kennen lernen.

Wirth. Wie Sie befehlen! — Sie pflegen nun bald zu kommen. Aber gnädiger
Herr, vergeben sie meine Frage, sie ge-
schiehet nicht aus Neugierde, sondern der
hohen Polizey wegen! — — Ihr Stand! —
Ihr Name! —

Graf. (sich schnell besinnend) Aloysius
Karaffa, ein Künstler aus Italien.

Wirth. Aus Italien? — Hm! hm! —
Desto besser, ich liebe die Italiäner!

Graf.

Graf. Viel Ehre! — Wollen sie mir mein Zimmer anweisen?

Wirth. Gleich! — Gleich! zu Dero Befehl! (sieht am Fenster, indem er abgehen will.) Ah da kömmt eben einer von den Verehrer des Fräuleins.

Graf. Wo? wer? — Doch nicht der, dem Sie zu letzt nannten?

Wirth. Nein! es ist der wohlriechende Herr von Sommers.

Graf. Gut! — Ich mag ihn nicht sehen! — Ist das Zimmer hier neben besetzt?

Wirth. Es steht zu Befehl!

Graf. Gut! ich werde schon von selbst kommen, wenn ich will. Meinen Bedienten sagen Sie, er soll Sorge tragen meine Sachen von der Post herzuschaffen! hören Sie! (Geht ins Seitenzimmer.)

Wirth. Ich werde es besorgen; — — Ein sonderbarer Mann! ein wahres Original von Mann! die Tasse sagte er, brannte ihm die Hand! — Hm! hm! — — und mir kam's vor, als ob ihm der Kopf brännte! — mag wohl das italiänische Klima daran schuld seyn!

Dritter Aufzug.

Herr von Sommers, sehr französisch ge=
kleidet (der Wirth.

Wirth. Ah! Herr von Sommers! — Ge=
horsamsten guten Morgen! wie befinden Sie
sich?

Sommers. La! la! wie's zu gehen
pflegt! — Mach eine Chokolade alter Bursch!

Wirth. (ruft zur Thüre hinaus) Cho=
kolade! — —

Sommers. (trällert) Was ist Leben
            ohne Liebe,
    Eine Laute sonder Klang! —
    Nur durch ihre Götter Triebe,
    Wird es lieblicher Gesang!

Wirth. Sind ja recht guten Humors,
wie ich höre!

Sommers. Meinst du Alter?

Wirth. Ich urtheile dem Scheine nach!
gewiß war das Fräulein am Fenster, als
Sie hergiengen?

Sommers. Errathen Alter, errathen!
Ich gieng beym Gartenhause vorbey, da
rief Sie mich an, und invitirte mich diesen
Nachmittag, in Ihrer Gesellschaft zu seyn!
O! es ist doch ein Engel, eine Göttin von
einen Mädchen. Ein Körper! — wie die
                  Me=

Medizeische Venus! — und Augen! — Augen! — O ich sterbe vor Entzücken.

Wirth. Ja! ja! — das läßt sich hören! — — Aber man redet so viel von Graf Lichtenbergen! — Da haben Sie einen gefährlichen Nebenbuhler!

Sommers. Gefährlich! — ha! ha! ich muß lachen! ha! ha! ha! einen gefährlichen Nebenbuhler? — der nichts kann, als seufzen und Hände drücken! — Ich glaube auf meine Ehre, er kann nicht einmal ein Solo tanzen!

Wirth. Muß man das heut' zu Tage können?

Sommers. Versteht sich! das gehört alles zum Bonton! wer sich nicht mit Anstand zu tragen weiß, wie kann der mit Anstand lieben.

Wirth. Hm! hm! hm! hm! was man nicht alles in der Welt erfährt!

Sommers. Ja freylich! — Nord ist ein anderer Kerl! der fängt's klüger an, und sucht die Mutter zu gewinnen, aber wenn die Tochter nur mich liebt, mag er hernach mit der Mutter beginnen was er will, ich bin nicht neidisch.

Wirth. Das glaub' ich! — nun, ich gratulire in Voraus! —

A 5   Som=

Sommers. Ich danke, Alter! Nun mach aber, daß die Chokolade bald kömmt.

Wirth. Gleich gnädiger Herr! (ruft zur Thüre hinaus) Macht, daß die Chokolade fertig wird! — — Sie haben vermuthlich noch Geschäfte vor Ihrer Visite in Ordnung zu bringen?

Sommers. Geschäfte? — keine, als mich noch anders frisiren zu lassen, wenn ich gespeißt habe.

Wirth. Das laß ich mir einen Philosophen seyn!

Sommers. Nicht wahr! — Aber kömmt denn heute niemand her? Man weiß ja für Langeweile nicht was man anfangen soll! Ist Nord noch nicht hier gewesen?

Wirth. Nein, gnädiger Herr.

Sommers. Und ich möchte ihm so gerne sprechen!

Wirth. Kömmt vieleicht noch.

Vierter Auftritt.

Graf Bernau aus seinen Zimmer vorigen.

Wirth. Ah! sieh da! gut daß Sie kommen Signor! dem gnädigen Herrn hier, wird die Zeit lang bey meinem Geschwätze. Sie werden ihn besser unterhalten können.

(stellt

(stellt den Grafen Sommers vor) Signor Caraffa ein italiänischer Künstler!

Sommers. Es freut mich, Sie kennen zu lernen! Sie sind vermuthlich fremd hier?

Bernau. Nicht so ganz. Ich war schon vor einigen Monaten hier, aber inkognito.

Sommers. Und ihre Kunst ist? —

Bernau. Die Malerrey.

Sommers. Herr Wirth, die Chokolade! (Wirth ab) die Malerrey? — schön, ich liebe diese Kunst sehr! und bin, wenn ich mir nicht zu viel schmeichle, ein Kenner davon! haben Sie etwas bey sich?

Bernau. Nichts als ein Gemählde, eines hiesigen Frauenzimmers, das ich bey meinen vorigen Aufenthalt hier sah, und in der Eil, entwarf. Es ist noch unvollendet.

Sommers. Vortreflich! auch ein Freund des schönen Geschlechts? eine Empfehlung mehr bey mir! kennen Sie die Dame?

Bernau. Nein, mein Herr! — Aber alles gäbe ich darum, wenn Sie mir nur einmal sitzen wollte. Es ist der schönste Kopf, den ich je sah! — So viel Geist und Ausdruck in der Miene, als ich noch in keinen weiblichen Kopfe fand.

Sommers. Sie erregen meine Neugierde! — Ihrer Beschreibung nach wäre es

Schan-

Schande für mich, Sie nicht zu kennen! Ihren Namen werden Sie doch wissen?

Bernau. Ich denke, ja!

Sommers. O ich bitte, nennen Sie mir ihn ohne Verzug. Ich will alles anwenden Ihnen die wünschende Gelegenheit zu verschaffen.

Bernau. (gleichgültig) Signora Wallstät!

Sommers. (im Enthusiasmus.) Wie? Charlotte Wallstät? — Charlotte Wallstät? — Göttlicher Mann, laß dich umarmen! — Meine eigene Geliebte! Wo hast du's? — ich muß es sehen! ich muß! — —

Bernau. (wie oben) Ihre Liebe ist sehr brausend wie ich merke!

Sommers. Ja! ja! ich liebe, wie man lieben muß!

Bernau. (sezt sich gleichgültig nieder) So?

Sommers. Aber zum Teufel Herr, sitzen Sie nicht so kalt da, da ich für Hitze zerschmelzen möchte! — Haben Sie das Gemählde bey sich? oder sagen, sie, wo es ist, daß ich es holen kann! — — hören Sie nicht? —

Bernau. Ich höre ja! ich höre! — —

Sommers. Und sitzen da, wie eine Bildsäule? was überlegen Sie? — was haben Sie?

Ber=

Bernau. Nichts! — nichts! — Ich bewundere nur wie ein Mann Ihrer Art, den
Anblick eines solchen Frauenzimmers ertragen kann.

Sommers. Das soll vieleicht ein Kom-
pliment seyn?

Bernau. (wie oben) Wie meinen
Sie das?

Sommers. Wissen sie mein Herr, daß
mich Ihre Laune beleidigen wird, wenn Sie's
länger so treiben?

Bernau. (wie oben) Im Ernste?

Sommers. Nun! nun! werden sie nur
nicht böse! — Ich weis wohl, Ihr Künstler habt alle eure Launen und Sonderheiten,
und darnach zu urtheilen sind Sie einer der
Größten, die ich gesehen. Ich bitte Sie,
lassen Sie mich das Gemählde sehen!

Bernau. Nun ja! ja! Sie sollen es
sehen! aber zuvor, daß Sie mir die Erlaub-
niß ausmachen, in Beysenn des Fräuleins,
das Gemählde zu vollenden!

Sommers. Das versteht sich! gehen Sie
nur!

Bernau. (zieht das Porträt aus seinen
Busen) Da! — Da sehen Sie! — fühlen
Sie!

Sommers. (voller Freuden, will den
Grafen das Porträt aus der Hand nehmen,
die

dieſer hält es ihm vorzeigend feſt.) Das
iſt wahr! getroffen, zum Reden getroffen! —
aber wie ſie ſagen, ganz recht! — Einige
kleine Nachläßigkeiten, an der Friſur, am
Ohrgehänge!

Bernau. Das ſind Kleinigkeiten. (gleichgültig.)

Sommers. Ja! aber wichtige Kleinigkeiten! das ziert gleich ein Gemählde.

Bernau. (mit den Zähnen knirſchend,
und mit dem Fuß ſtampfend, indem er ihm das
Gemählde vorhält.) Zittern Sie nicht, wenn
Sie dies Auge betrachten? —

Sommers. Das muß ich ſagen, viel
Lebhaftigkeit! viel Ausdruck! viel Feuer!
es macht Ihnen Ehre; aber wie geſagt, es
wird gut ſeyn, wenn Sie Ihnen noch einmal ſitzt! Sie werden dennoch alles beſſer
treffen können. Die Geſichtsfarbe iſt auch
nicht lebhaft genug!

Bernau. Als ich das Fräulein ſah, war
ihre Farbe nicht lebhafter, und mich dünkt,
ſie iſt gerade ſo, wie ſie ſeyn muß.

Sommers. Ach was! Sie haben ſich
einen eigenen Begrif von ihrer Kunſt gemacht! Sie verfahren zu ſehr nach Regeln,
und das ſollten ſie doch nicht; da könnte noch
was aus Ihnen werden. Wiſſen Sie, daß
der Maler immer ſchmeicheln muß?

Ber-

Bernau. Wirklich?

Sommers. Das ist eine allgemeine Regel, die man überall angenommen hat; weil sie die Sache ungemein erleichtert! und ich muß Ihnen sagen, ein mittelmäßiges Kunstwerk nach dieser Regel gearbeitet, ist mir lieber als das gröste Meisterstück, wobey diese Regel vernachläßiget worden.

Bernau. Ich danke Ihnen, mein Herr!

Sommers. Ich bin zwar kein grosser Kenner von solchen Sachen, aber —

Bernau. (verbeugt sich.)

Sommers. Zuweilen bringt auch ein Ungelehrter den Künstler auf einen Gedanken, der ihm ohne dies nicht beygefallen wäre.

Bernau. Ganz recht.

Sommers. Ich hoffe nicht, daß meine Anmerkungen Sie beleidiget haben. Ihre Arbeit hat mir übrigens ganz ungemein gefallen! und so bald Sie es fertig haben, beschwör' ich Sie, es keinem anderen als mir zu überlassen!

(Aufwärter bringt Chokolade.)

Sommers. Nun, kömmst du? bring' noch eine Tasse! Sie trinken doch mit Signor?

Bernau. Ich danke!

Sommers. Ohne Umstände, Sie müssen mittrinken!

Ber-

Bernau. Nicht doch! ich würde mein Blut nur noch mehr in Wallung bringen; es braußt ohnehin schon genug! (zum Aufwärter) bring' mir ein Glaß Wasser auf mein Zimmer (Aufwärter ab.)

Sommers. Sie wollen doch noch nicht fort?

Bernau. Ja! ich habe Geschäfte!

Sommers. Nun so will ich Sie nicht aufhalten. Aber ehe Sie gehen, müssen wir uns verabreden. Diesen Nachmittag bin ich zu dem Fräulein gebeten, und da gehen Sie mit. Ich werde Sie hier abholen! Sie gehen doch gewiß mit?

Bernau. (nach einen kurzen Nachdenken.) Ja! — Ich erwarte Sie! (in sein Zimmer ab.)

Sommers. Es bleibt dabey! — glücklicher Zufall!

(Aufwärter kömmt) Gnädiger Herr, der Herr von Nord ist unten im Garten, und wünscht sie zu sprechen!

Sommers. Ich ließ ihm bitten, zu mir zu kommen, ich wäre hier allein. (Aufwärter ab.) Das soll ein neuer Triumph seyn! — Sehen Sie Herr Graf, Sie unglücklicher Nebenbuhler, daß meine Aufmerksamkeit, die Ihrige übersteigt? — Freylich! — wäre mir das Gemählde nicht von ohngefehr

in

in die Hände gefallen; es hätte noch wohl
eine Zeit damit angestanden. — — Jezt
muß ich suchen, ihr glaubend zu machen;
als hätte ich sie ohne ihr Wissen mahlen
lassen! — — Das wird ihr schmeicheln,
den Herrn Grafen beschämen, und mir den
Vorzug um so mehr versichern.

Fünfter Auftritt.

Herr von Nord, und Herr von Sommers.

v. Nord. Gut daß Du hier bist! — sind
wir hier allein?

Sommers. Warum?

Nord. Ich habe Dir Neuigkeiten zu bringen.

Sommers. Ich Dir auch.

Nord. Wenn sie nur besser sind, als die
meinigen.

Sommers. Wie so? was hast Du?

Nord. Ich habe von sicherer Hand, daß
Deine vermeinte Schwieger-Mama, darauf
bringt, den Grafen zum Schwiegersohne zu
haben.

Sommers. Und Lotte?

Nord. Soll entschlossen seyn, ihm ihre
Hand zu geben.

B   Som-

Sommers. (lacht spöttisch) Träumer!

Nord. Nun! nun! sey Du nur kein Träumer! sey thätig, sonst möchte die Reihe zu lachen an mich kommen.

Sommers. Wie du schwatzest!

Nord. Willst mir's also nicht einmal Dank wissen, Dich deiner Träumerey zu entreissen.

Sommers. Nein wahrhaftig, an solch' einen Dank bin ich bettelarm. Woher hast Du denn die Hiobspost? muß doch wohl ernsthaft mit Dir reden, weil's Dein Gesicht ist. Ha! ha! ha!

Nord. Du lachst darüber? Je! was brauch' ich denn für andere tragisch zu seyn? Ich will mitlachen! (lacht).

Sommers. Ja! ja! Thu' das lieber Nord! Ha! ha! ha!

Nord. Aber auf Deine Kosten! (trinkt)

Sommers. Ja ja! auf meine Kosten!

Nord. Du sagtest ja auch von habenden Neuigkeiten, was sind denn das für welche?

Sommers. Besser als die Deinigen, mein lieber Nord! die mir das Gegentheil von den Deinigen um so mehr gewiß machen.

Nord. Und das sind wohl Geheimnisse?

Sommers. Sollten wohl! aber Dir als meinem künftigen Schwiegervater, will ich's sagen!

Nord.

Nord. Ich Dein Schwiegervater? Ha! ha! ha!

Sommers. Nun ja! bist ein dummer Teufel, wenn Du die Mutter nicht suchst breit zu schlagen, um deinen Finanzen wieder aufzuhelfen.

Nord. Lach' Du nicht! die Hofnung ist nicht so weit aussehend, als die Deinige, Lotten zu erhalten.

Sommers. (aufgebracht) Was? — Bestimmung für weit aussehende Hofnungen zu halten? — Geh, Du bist deines Auftrags entledigt, mein Benachrichtiger zu seyn. (will ab.)

Nord. So laß doch mit Dir reden!

Sommers. Redest ja, wie ohne Kopf!

Nord. Aber so höre doch!

Sommers. Sollst diesen Nachmittag hören, was Deine Nachricht werth ist!

Nord. Nun gut, ich nehme das Gesagte zurück!

Sommers. Nicht eher als diesen Nachmittag, und das mit schuldigster Abbitte.

Nord. Was soll denn diesen Nachmittag geschehen?

Sommers. Als ein Cäsar sollst Du mir abbitten, der da kömmt! — sieht! — und siegt! — (tanzend ab.)

Nord allein. (ihm nachsehend) Ja!
benm Stubenmenschen! der eingebildete Narr!
wäre seine Börse nicht eine Zwickmühle, ich
würde wahrhaftig nicht seine Arlequinaden
Aplaudiren, aber so! Ehrlichkeit! — —
Was bist du für ein unwesentliches Ding!
und wenn sie von drey Theilen der Welt ge-
stempelt ist, der vierte Theil borgt doch keinen Kreutzer dàrauf. (ab)

Sechster Auftrit.

Graf Bernau aus seinen Zimmer.

Geht eit'le Thoren! euch habe ich nicht
zu fürchten! aber was habe ich gehört? —
daß du! — — du Lichtenberg, mich so
verachtest? — Mich als den Trauten deiner Seele, so zum elendesten der Menschen
machen willst! du! — der den äußersten
Grad von Freundschaft; welchen je die Natur unter den Menschen schuf, mit nicht minder heiligen Schwüren bekräftigtest, als der
Engel der Wahrheit, meine Liebe zu Lotten,
in das Buch der Ewigkeit eintrug! — daß
du mich hintergehst! — — — O Liebe
und Freundschaft; wer ließ euch entstehen? —
Wenn es wahr ist, daß Lichtenberg mich
hinterging, so war es ein Gauckler, dessen
Pup-

Puppe ich nicht seyn mag! Wozu entschließ'
ich mich? — hingehen? seinen Triumph
sehen, und mich nicht rächen dürfen? —
Mit jedem Blicke der Liebe, den das holde
Mädchen auf ihn wirft, den Tod in mich
trinken? — Ha! — wenns Tod wäre! —
Stündlicher Tod beym qualvollesten Leben,
ohne Ende meines Jammers! O Lotte!
Lotte! mußt' ich darum wieder kommen, ei=
nen andern sich in deinen Armen freuen zu
sehen? — Armseliger, wirst du das kön=
nen? — — Wie das wüthet in mein In=
nerstes! Mord! Mord! — und mir wär's
wohl! — weg! weg mit Gedanken, die die
Hölle zeugte! — — O Mutter Natur!
warum legtest du die Rache der Eifersucht,
mit wahrhafter Liebe, in gleiche Wage!
diese führt rechts, und jene links! Mittel=
straße gilt hier nicht! — — aber ich will
hin! — Ihr Anblick soll meinen Entschluß
und mein System bestättigen. Der Mensch
lebt nur einmal, und liebt nur einmal; und
so glücklich oder vernichtet. (ab)

Ende des ersten Aufzugs.

Zwey=

Zweyter Aufzug.

Erster Auftritt.

Zimmer in Frau von Wallstäthause.

Lottte. (allein in englischen Kleide, kömmt aus einem Seitenzimmer) Endlich einen Augenblick Erholung! — Besuche und Aufwartungen ohne Zahl, und mir eckelt alles dessen! — die liebreiche Vorbereitung meiner Mutter zu einer wichtigen Unterredung über meine Wahl, macht mich zittern, ohnerachtet, ihre Güte immer meinen Wünschen zuvorkömmt. Kann ich Ihre Güte durch Geheimniße meines Herzens mißbrauchen? — O! Bernau, Bernau! — entreiß mich dieser marternden Qual und kehre wieder! — dein dich liebendes Mädchen harret deiner, voll Liebe, voll Zärtlichkeit; o warum versprachst du zu kommen, bald zu kommen? und bist noch nicht da? — Wüßtest du, was ich um dich leide, gewiß du flößest in meine Arme, und würdest meine Thränen abtrocknen.

Aber

Aber! — liebet er mich auch noch so warm, als er mich seiner Liebe bey dem Ewigen ewig versicherte? — — All' diese Glut der Leidenschaft; wenn ich sie für einen Undankbaren nährte? — O! Karl! Karl! — Dann sollten diese Thränen wider dich zeigen, am leztem Tage wider dich zeigen; daß du mich die Liebe lehrtest, und mich verwarfst! — — Doch' mein Edler, vergieb mir, das wirst du nicht, das kannst du nicht! — — Und doch! — das zögrende Stillschweigen, diese lange Entfernung! — Unendlich für die Liebe! — Warum sprachst du nicht deutlicher zu meiner Mutter? Sie würde in unsere Wünsche gewilliget haben, warum schweigst du jezt so ganz gegen dein Mädchen? da du weißt, daß in ihren Busen Linderung für all' deinen Kummer war, und noch ist

Zweyter Auftritt.

Frau von Wallstät, Lotte.

Fr. v. Wallstät. So allein meine Tochter? nur Unglückliche suchen die Einsamkeit.

Lotte. (ihrer Mutter entgegengehend, und mit wahrer Zärtlichkeit die Hand küssend.) Gütigste Mutter, das bin ich bey Ihnen nicht!

Fr.

Fr. v. Wallſtät. Wenigſtens glaub' ich nicht, ſchuld daran zu ſeyn!

Lotte. O meine Mutter!

Fr v. Wallſtät. Liebevolle ſetz hinzu, und Du ſagſt mir nicht mehr, als die ganze Welt ohne Schmeicheley nur in deiner Gegenwart, ſagen kann, und wird. Und du wirſt mir doch dieſen Stolz nicht aus Mißgunſt vereiteln wollen?

Lotte. Mutter! — wie ſo ſchnell leiten Sie Thränen vom Herzen auf die Wangen. (küßt ihr weinend die Hand.)

Fr. v. Wallſtät. (bedenklich) Tochter, Thränen ſind ſo mannigfaltig von Werthe, als unzählig ihre Zahl oft iſt!

Lotte. Dankbarkeit meine Mutter, iſt mannigfaltig bey dem Schmeicheln, und das hatte ich ja nie Urſach bey Ihnen zu ſeyn.

Fr. v. Wallſtät. Ich verſtehe dich mein Kind, und — — wie ſoll ich ſagen, — ſchäme mich meiner Beſorgniß. Ich nehme es als zufällig an, daß du die Einſamkeit liebſt, und ſie dem Lärmen vorzieheſt; ich weiß in gewiſſen Verſtande dem Zufalle dafür Dank! — — aber mein Kind, wie lange ſoll das dauern? — Die Urſache, warum ich dich eben jezt zu einer Erklärung auffordere, iſt die Menge von Liebhaben, welche ſich auf einmal um dich bewerben. Prüfe

Dein

Dein Herz, und das ihrige, und gieb dem würdigsten deine Hand.

Lotte. Liebe Mutter! — Ich bitte übereilen Sie mich nicht in einem so wichtigen Schritte, ich kann mich nicht entschliessen, eine Heurath wider meinen Willen einzugehen.

Fr. v. Wallstät. Nein, das sollst Du nicht, deute meine Worte nicht falsch. Wechselseitige Liebe, ist das vornehmste Erforderniß einer glücklichen Ehe! — aber sollte unter allen denen, die dir jezt aufwarten, nicht ein einziger deiner Zuneigung werth seyn?

Lotte. Ich gesteh' es, Sie besitzen alle Verdienste, sind vieleicht mehr werth, als ich ihnen geben kann. Ich schätze Sie hoch! — aber — weiter! —

Fr. v. Wallstät. Kannst du nichts für sie empfinden? — — wohl! du weist meinen ernsten Vorsatz, deiner Neigung keinen Zwang anzuthun. Ich könnte freylich mancherley Einwendung machen. Aber ich will keine Moral predigen. Ich wünsche nur, daß Du Zutrauen, in Deiner Mutter wahre Aufrichtigkeit, und Zärtlichkeit setzest. Daß nicht etwa eine heimliche Leidenschaft in deinem Herzen — — du entfärbst dich? — — Was ist dir?

Lot=

Lotte. (mit innerlicher Unruhe) Nichts meine Mutter! — nichts! —

Fr. v. Wallstät. Liebe Tochter, dein Betragen seit einiger Zeit, erweckt mir Besorgnisse! — woher diese schnelle Veränderung? — Diese Bläße deiner Wangen? Diese unwillführlichen Seufzer mitten in den gleichgültigsten Gesprächen? Du thust unrecht, mir ein Geheimniß zu verheelen, das dich unruhig macht.

Lotte. Nein meine Mutter, gewiß nicht. (beschämt)

Fr. v. Wallstät. Gut, ich will es glauben. Aber so, meine Liebe, kann es unmöglich lange bleiben. Unser Haus ist ein Sammelplatz von jungen Herrn geworden, und wird es täglich immer mehr. Du bist klug genug, Dir auf diesen zufälligen Vorzug nichts einzubilden. Dieser Vorzug aber fängt an, Aufsehen zu erregen. Besonders seit dem der faselnde Sommers dazugekommen ist, der sich so gerne mit Stadtneuigkeiten auf anderer Leute Unkosten schleppt. Darf ich mehr hinzusetzeu, um schlimme Folgen von der ganzen Lage zu prophezeihen? Wähle dir einen Mann, den dein Herz dir empfiehlt! — — Er soll mein Sohn seyn!

Lotte. Zuviel, meine Mutter! ich verdiene diese Güte nicht.

Fr.

Fr. v. Wallstät. Ich will nicht hoffen, daß du sie mißbrauchen wirst! — Umarme mich, mein Kind! — Du wirst, du mußt mir die Freude machen dich glücklich zu sehen! Sollten die Wünsche deines Herzens so schwer zu befriedigen seyn?

Lotte. O! es ist ein eigensinniges, unruhiges Herz! daß seinen Wohlthäter verkennt, und denen Kummer macht, denen es Unterwürfigkeit schuldig ist.

Fr. v. Wallstät. Daß Du mir Kummer durch Deine zurückhaltende Unruhe machst; gesteh' ich dir. Liebstes Kind, sollte Deine zärtliche Mutter nicht darauf rechnen dürfen, all' Ihre unermüdete Sorgfalt für Dich, durch Dein Glück belohnt zu finden? und den Rest Ihrer Tage in liebevoller Eintracht, und mütterlicher Glückseligkeit verleben zu können? Wenn Du meiner Wahl beypflichtest; daß er der würdigste unter allen deinen Bewerbern ist! —

Lotte. Wer meine Mutter? wer?

Fr. v. Wallstät. (nachdrücklich) Graf Lichtenberg!

Lotte. (seufzt)

Fr. v. Wallstät. Ja mein Kind! — Habe ich diesen Seufzer verstanden, so spricht Dein Herz für ihn! Soll ich Dir noch mehr sagen, um Dein ganzes Vertrauen zu erhalten?

ten? — Diese Wahl ist mein Wunsch! aber versteh' mich recht; mein Wunsch sage ich! — und Erfüllung unserer Wünsche, sind keinem Zwange unterworfen.

Lotte. Liebste Mutter, Ihre Wünsche zu erfüllen, und Ihrem Willen zu gehorchen, ist mein Stolz. Aber um Gotteswillen, übereilen Sie mich nicht, in den wichtigsten Schritte meines Lebens!

Fr. v. Wallstät. Zeit und Wahl steht bey Dir! für lezteres ist mir dein Herz Bürge! aber vergiß nicht; daß meine Zufriedenheit in deiner Wahl beruht. Mehr wollte ich dir nicht sagen. (küßt sie) laß meine freudenvolle Aussicht nach beyden nicht lange seyn. (will abgehen.)

Dritter Auftritt.

Herr von Nord, welcher Frau von Wallstät bey der Thüre begegnet. Vorige.

v. Nord. Gnädige Frau, ich bitte um Verzeihung, daß ich so ungemeldet hereintrete! auch Sie, gnädiges Fräulein, verzeihen! Sie wissen, ich bin kein Freund von Komplimenten.

Fr. v. Wallstät. Wer sich selbst empfiehlt, Herr von Nord, braucht keine Empfeh-

pfehlung von Außen her. Ich weis, meine
Tochter wird eben der Meinung seyn.

Nord. Das wünsch' ich, gnädige Frau!
das wünsch' ich! haben Sie wieder einen
Besuch von Sommers gehabt?

Fr. v. Wallstät. Gestern Abends, wenn
ich nicht irre.

Lotte. Und diesen Morgen gieng er vor
unser Gartenhause vorbey, wo ich die glück-
lichste Anwünschung eines glücklichen Mor-
gens von ihm erhielt.

Nord. Ein unerträglicher Narr! — Aber
ich hoffe, er wird Ihnen nicht lange mehr
beschwerlich fallen, wenn er meinen Wink
versteht. Ueberhaupt ist er einer von den
Helden, die ihren Ruhm auf Kosten des
guten Namens anderer suchen.

Lotte. Ich glaubte, Herr von Nord, der
Herr von Sommers wäre Ihr Freund?

Nord. (beschämt) Das ist er, Fräulein! —
Das ist er! — aber wie es scheint, sie sind
heute übel aufgelegt? — Ihnen ist nicht
wohl! — —

Lotte. Man ist nicht immer Herr seiner
Launen, Herr v. Nord.

Nord. Das müssen Sie aber Fräulein!
das müssen Sie! — Wenn Sie erst meine
Frau sind, da müssen sie immer guter Dinge

ge ſeyn! das Kopfhängen, kann ich vor meine Sünde nicht leiden.

Lotte. bis dahin aber, Herr von Nord, werden Sie mir erlauben zu thun, was mir gefällt.

Nord. Wie ſoll ich das verſtehen?

Lotte. So, wie ichs meine, Herr von Nord!

Nord. Poz Hagel, und alle Wetter!

Lotte. Mir iſt hier im Hauſe, keine Weinſtube bekannt!

Nord. Haben recht! — — Aber wir verſtehn einander ſchon! nicht wahr, Fräulein?

Lotte. Meinen Sie?

Nord. Warum nicht! Ich habe auch zuweilen meine gewiſſen Stunden, wo ich nicht weiß, was ich rede. Aber das geht, wie es kömmt! einen Augenblick; und alles iſt wieder in ſeiner Ordnung. Ihre Hand Fräulein!

Lotte. (ohne ihm die Hand zu geben ſpöttiſch ab) leben Sie wohl! Herr von Nord!

Nord. (ſich vergeſſend zornig) Je ſo ſchlag der Donner; und das Wetter! — Verzeihen Sie, gnädige Frau, ich glaubte mich allein! —

Fr.

Fr. v. Wallſtät. Auch da glaubt' ich, verdiente das Andenken meiner Tochter, dieſe Ausruffung nicht.

Nord. (zuverſichtlich ſchmeichlend.) gnädige Frau, es war mehr der launigte Scherz des vergnügten Stiefvaters, als des unhöflichen Liebhabers! laſſen wir beyde es gut ſeyn.

Fr. v. Wallſtät. Als erſterer, war, und bleibt es lächerlich! und als zweyter, in jedem Falle beleidigend!

Nord. Lächerlich? beleidigend?

Fr. v. Wallſtät. Iſt in jeden Fall Ihr Betragen.

Nord. In jedem Falle? Kreuz tauſend Battalion! — Mein Betragen? — was finden Sie daran auszuſetzen?

Fr. v. Wallſtät. Sehr viel!

Nord. Sehr viel? —— Nun das freut mich! — wenigſtens iſt es doch deutſch und verſtändlich deutſch geſagt! — — Woran fehlt es denn aber, wenn ich bitten darf? — Ha! ha! jezt fällts mir bey! Ich kann die Hand nicht nach der Mode mit einen Capriol küſſen, keine franzöſiſchen Gaſſenhauer trällern, keine geborgten Pariſer Modekleider trag' ich laſſe mein Haar nicht a la Heriſſon, oder en Cacadoux friſiren, und weiß der Popanz, wie die Moden alle heißen. ballſamire und parfurmire mich nicht

wie ⌐

wie eine egyptische Mumie. Lebe nur von
meinen monatlichen Einkommen, als ein ehr=
licher Kerl. Borge nicht immer, um im=
mer bezahlen zu dürfen! Gehe mehr zu Fuße,
als ich mich in Karossen blähe, oder zu Pfer=
de die Stadt durchklappere. Halte mir kei=
nen Hofjuden, der eine Garderobe von hun=
dert Kleider für mich in Verwahrung hat,
sondern halte nur mein halb Dutzend Klei=
der selbst in Ordnung! O! Nord! Nord!
in dieser armseligen Lage willst du den Wei=
bern gefallen? Was für ein dummer Teu=
fel bist du! (schlägt sich voller Bosheit
vor den Kopf.)

Fr. v. Wallstät. Ich bitte Herr von
Nord, wer in meinen Hause hat Ihnen Ur=
sache gegeben, so zu denken?

Nord. (voller Wuth) Sie, gnädige Frau
und Ihre Fräulein Tochter!

Fr. v. Wallstät. Wie? Ich und meine
Tochter?

Nord. Ja! Sie und Ihre Fräulein Toch=
ter, gnädige Frau. Und so deutlich, daß ich
es nie vergessen werde.

Fr. v. Wallstät. Ich bitte, erklären sie
Sich!

Nord. Das soll geschehen! — bis dahin,
bin ich Ihrer Diener! (schnell ab.)

Fr.

Fr. v. Wallſtät. Herr von Nord! — Ungeſtümer Mann! doch, wo iſt Vernunft, wenn Liebe, und Eiferſucht das Wort führen? Er mag immer ungehalten ſeyn! — Mich und mein Kind zu beruhigen, will ich mein Wort halten. Aus elenden politiſchen Intereſſe ſeiner Kinder Neigung zwingen wollen, heißt grauſam ſeyn! aber ihre Leidenſchaft mit Anſtand befriedigen helfen; verſpricht eine glückliche Nachkommenſchaft. (will ab, Graf Lichtenberg tritt ein.)

Vierter Auftritt.

Frau von Wallſtät. Graf Lichtenberg.

Lichtenberg. Ah! meine gnädige Frau! (ihr die Hand küſſend)

Fr. v. Wallſtät. Willkommen Herr Graf!

Lichtenberg. Mir zitterten meine Füße nie, als jezt, beym Eintritt, in Ihrem Hauſe! — — Was hab' ich zu hoffen gnädige Frau?

Fr. v. Wallſtät. Wahrheit von den Herzen meiner Tochter! ich werde ſie Ihnen herſchicken! — das noch, Graf! — — Ich wünſchte Sie, bald meinen Sohn nennen können. (ab)

C   Lich

Lichtenberg. Vortrefliche Frau! zärtli=
che Mutter deiner tugendhaften Tochter wür=
dig! Aber ich! — Voll von der reinsten,
aufrichtigsten Liebe, mit allen Mitteln eines
glücklichen Lebens, bin schreckhaft bey diesen
Schritte? was ist das? — ich begreif es
nicht!

Fünfter Auftritt.

Lotte. Graf Lichtenberg.

Lichtenberg. (ihr entgegen) Ah mein
Fräulein!

Lotte. (mit verweinten Augen) Ah!
willkommen lieber Graf!

Lichtenberg. (ängstlich) Was ist Ihnen
Fräulein? Was haben Sie?

Lotte. (schüchtern.) Eine Frage an Sie!

Lichtenberg. Welche? reden Sie!

Lotte. (wie oben) Haben Sie noch kei=
ne Nachricht, von Ihren Freund Bernau?

Lichtenberg. (für sich) Meine Ahndun=
gen fangen an Wirklichkeiten zu werden!
(laut) Keine, mein Fräulein. Auch sehne
ich mich nicht darnach! So lange mein Herz
noch frey war; Da war Freundschaft mein
erster heißester Wunsch! aber jetzt! — Das
schwä=

schwächere Licht, weicht den Stärkeren! —
Jezt habe ich keinen anderen Wunsch, als
Sie; Ihre Liebe! O! Fräulein! — Daß
ich Ihnen in diesen Worten alles schildern
könnte, was ich empfinde! — Sie seufzen?
keine Antwort? hat dies edle Herz einen
Kummer, den es seinen Freunde ver-
schweigt? — Sie berechtigten mich einst zu
dieser Benennung! O! daß ich sie bald mit
einer innig süsseren vertauschen könnte!

Lotte. Lichtenberg! — — Bedauren Sie
ihre unglückliche Freundin!

Lichtenberg. Unglücklich? — Sie sind
nicht unglücklich! können nicht unglücklich
seyn, mit diesen Gesinnungen, mit diesen Empfindungen.

Lotte. Eben diese Empfindungen, machen
mein Elend! O! ich bin nicht für die grosse
Welt! Sie will lauter aufgeräumte Gesich-
ter sehen, und das ist nicht in meiner Gewalt.

Lichtenberg. Diese kleine Wolken, die
Ihre Stirne umziehen, werden verschwinden.
Sie werden alle Seligkeiten des Himmels
im Arme der Liebe fühlen!

Lotte (seufzet) Ah! — —

Lichtenberg. Ersticken Sie diesen Seufzer! — — Sie kennen mich Fräulein! —
sollt' ich nicht im Stande seyn, etwas zur

Befriedigung Ihrer Wünsche beyzutragen?
Was wünschen Sie in mein Betragen ge=
gen Sie verändert?

Lotte. (seufzet) Nichts Lichtenberg! —
nichts!

Lichtenberg. Nichts? — und das mit
einen Seufzer? — — O! Fräulein, er
sagt mehr als Sie glauben! —— Er sagt
mir mein Unglück! — womit hab' ich Ihr
Mißfallen, und diese Zurückhaltung ver=
dient?

Lotte. Machen Sie keine Auslegungen
Graf. Ich weiß was ich Ihnen schuldig
bin! was ich Ihnen zu danken habe! —
manche traurige Stunde versüßte mir Ihre
Gegenwart; manchen geheimen Schmerz
weinte ich an Ihrer Seite aus! — Ich
mache mir selbsten Vorwürfe darüber!

Lichtenberg. Fräulein, das schmerzt! —
Habe ich Ihr Vertrauen mißbraucht, daß
Sie sich Vorwürfe darüber machen?

Lotte. Nein, edler Mann! Aber ich be=
förderte meine Ruhe, auf Kosten der Ihri=
gen.

Lichtenberg. Theuerstes, angebethetes
Mädchen! — — Meine Thränen! — all'
meine Liebe! — was ist sie gegen diesen
Augenblick? — Entscheiden Sie mein Schick=
sal.

                              Lot=

Lotte. Graf! Graf verlaffen Sie mich! —

Lichtenberg. (mit Enthusiasmus) Ich! — Sie verlaffen? — Nein, ich kann Sie nicht mehr verlaffen! nur einen theilnehmenden Blick! — Lotte! — Lotte! sagt Ihnen Ihr Herz nichts, für Ihren Freund?

Lotte. (ängstlich) Lichtenberg! Sie martern mich! —

Lichtenberg. Nein, Fräulein! das wollt' ich nicht! — Es ist genug! — Sie haben recht! — O! ich bin nicht werth, die Liebe eines solchen Engels!

Lotte. Sie sind mehr werth, als ich Ihnen geben kann! wer bin ich? ein Mädchen, das auf den Punkte steht, alles zu verlieren; guten Namen, Freude! alles! alles! der Schwarm von Thoren, der mich umflattert! die Aufführung des Herrn von Norb gegen mich, und meine Mutter! — Das strafbare Betragen von mir, gegen Sie, edler Mann! — — Ueberlaffen Sie mich meine Thränen! — —

Lichtenberg. O! laffen Sie mich diese kostbaren Thränen abtrocknen, bestes Mädchen! und jede sey eine Aufforberung zu neuer Liebe, und zur glühensten Rache, wider den, der es wagt, Sie weiter zu beunruhigen! Sie sind mein, Fräulein! — — Mein auf ewig von diesem Augenblicke.

Lot=

Lotte. Seyn Sie ein Gott, und geben mir mein Herz wieder, so bin ich die Ihrige!

Lichtenberg. Ich lasse Sie nicht von meiner Hand! ich lasse Sie nicht!

Lotte. Sie müssen, Lichtenberg! Sie müssen! Ich kann! — darf die Ihrigen nicht seyn!

Lichtenberg. O! Gott! Gott! ende meinen Jammer! Lotte! Lotte! ist dies mein Endurtheil? — — Nur einen kleinen Strahl von Hoffnung! nur einen Tropfen Linderung in meine Seele! Sagen Sie mir, daß ich leben soll! leben und hoffen!

Lotte. Zu viel für meine Kräfte! — — Graf! — — wenn ein zerrissenes Herz! — Sie glücklich machen kann, so seyn Sie es! — Ich! — — bin die Ihrige!

Lichtenberg. Wie? Täuscht mich mein Ohr? — — Lotte! Engel! wiederhole das Geständniß! die Versicherung meines Glückes! oder stoß mich zurück, ins Elend, aus dem du mich wecktest.

Lotten. (mit besiegender Zärtlichkeit, und Mitleiden) Ich bin die Ihrige!

Lichtenberg. Bist Du's? — — O laß mich den Dank dieser seligen Worte mit meinen Lippen auf Deine Hand drücken, und mit jedem Drucke den Himmel in mich trinken! Du bist mein! O! könnt ich dies Wort in

eis

eine Ewigkeit ausdehnen! zur süßen Harmonie für Ohr und Herz! — — Ein kleines Wort, und kann selig machen, und elend! — — Aber was fehlt Dir Lotte? Stehst so starr, und bleich! — — Und ich bin so glücklich! sey es auch Mädchen, sey es auch! ich will Dich glücklich machen! ich kann nicht glücklich seyn ohne Dich!

Lotte. Laß ab! schone meiner! — ich muß mich hassen!

Lichtenberg. Du weinst? — — O! ich habe auch Thränen! aber Thränen der Freude!

Lotte. Lichtenberg! — — Können Sie hassen? — — recht bitter hassen?

Lichtenberg. Diese Frage Lotte? — und in diesem Augenblicke? beruhige Dich bestes Mädchen! kann mein Entzücken nicht einen fröhlichen Gedanken, in Dir aufwecken? — O! ich will Dich glücklich machen! wenn mein Wort Welten hervor ruffen könnte, dich zu befriedigen, sie sollten deine seyn!

Lotte. O! Lichtenberg!

Lichtenberg. Lotte, ich habe keinen Wunsch mehr! unsere Herzen sind eins! und der Tod soll sie nicht trennen.

Lotte. Der Tod? (seufzet).

Lichtenberg. Ruhig meine beste! ruhig und heiter, ich höre kommen!

C 4 An=

Anton kömmt. Herr von Sommers und ein fremder Herr, wollen die Ehre haben aufzuwarten!

Lichtenberg. Wollen Sie ihn annehmen?

Lotte. Sag' ihm, ich könnt' ihn nicht sprechen! ich befände mich übel. (Anton ab.)

Lichtenberg. Ich danke Ihnen! wie Sie in meinen Herzen lesen!

Lotte. Ich bin so unruhig, Lichtenberg! Ist es Freude! ist es Ahndung? — ich weiß nicht! — —

(Anton kömmt wieder) Herr von Sommers will sich nicht abweisen lassen. Er hätte Sachen von Wichtigkeit mit Ihnen zu reden. Da ist er schon!

Sechster Auftritt.

Herr von Sommers, vorige, hernach Graf Bernau.

Sommers. Sie sind nicht wohl Fräulein! — Das thut mir leid! ich bring' Ihnen einen Besuch. Ein junger Künstler aus Italien, der auf seiner Durchreise, das Glück hatte, Sie zu sehen, und ihr Bildniß entwarf. Er wünscht es in Ihrer Gegenwart zu vollenden. (spöttisch zum Grafen) verzeihen Sie, Graf, ich stöhre doch nicht.

Lich-

Lichtenberg. Behüte!

Sommers. Soll er kommen Fräulein? Befehlen Sie?

Lichtenberg. Weil er einmal da ist!

Sommers. Ich fragte Sie Fräulein!

Lotte. Und der Herr Graf hat für mich richtig geantwortet.

Sommers. (spöttisch) Hm! hm! kommen Sie, Signor!

Graf Bernau. (tritt mit einer ernsthaften Verbeugung herein, so, daß man ihn nicht gleich ins Gesicht sehen kann) Sie erlauben gnädigst! — —

Sommers. Ich bin schon Ihr Fürsprecher gewesen. Sie haben alles, was Sie wünschen!

Bernau. Hab' ich? —

Lotte. (betrachtet Bernau mit Ahndung) Lichtenberg!

Lichtenberg. (welcher ihr zur rechten Hand tritt) Was befehlen Sie?

Lotte. (ängstlich) Betrachten Sie doch den Fremden! ich weiß nicht! — —

Lichtenberg. Treten Sie näher, mein Herr!

Bernau. (heftig, indem er sich Lotten zu Füßen wirft und ihre linke Hand ergreift) Da bin ich! — Lotte! Lotte! kennst Du noch diesen Händedruck?

C 5

Lot=

Lotte. Gott erbarme sich! — — Bernau! — Lichtenberg! (sinkt in Lichtenbergs Arme.)

Lichtenberg. Wie? Karl! Du?

Bernau. Ich bins! kennst Du mich noch?

Lotte. (will sich aufrichten, sinkt aber mit den Worten) Bernau! Bernau! O! das ist mehr als ich ertragen kann! (wieder in Lichtenbergs Arme zurück.)

Lichtenberg. O! Karl! Karl! was hast Du gemacht?

Bernau. Laß mich! — Lotte! Lotte! nur einen Blick wie vormals! Ich habe dich lange nicht gesehen! siehe mich an! aus Mitleid, und Erbarmen!

Lotte. (will sich mit ihrem Gesichte zu ihm wenden, ist aber zu schwach) O! — Bernau!

Bernau. Genug für mich! Ich habe Dein Auge gesehen, Du bist es noch! — — und — — nun fort! fort! ich trage Deinen Anblick in den Armen eines anderen nicht. (reißt sich auf, und fort.)

Lotte. Bernau! Bernau! — (sie wird ohnmächtiger. Lichtenberg, der Sie bis hieher in seinen Armen gehalten, führt sie auf einen Stuhl)

Sommers. (der bisher wie betäubt gestanden, zornig.) Was ist das? hat ein
bö=

böfer Geist seine Gauckelen hier mit mir?
Bin ich hintergangen? Donner, und's Wetter! Graf, helfen Sie mir aus der Verwirrung! kennt ihn das Fräulein? diesen italiänischen Künstler?

Lichtenberg. Fragen Sie nicht. Sie sehen den Zustand des Fräuleins! ich bin außer mir! eilen Sie, daß Hilfe geschaft wird! ich muß ihm nach, muß mich durch mehr als meine Augen überzeugen.

Sommers. (außer sich) Mord, Pestilenz, und der Teufel! mich so zu hintergehen? wart' du italiänischer Künstler! — Du sollst mich als einen Schwarzkünstler kennen lernen!

Lichtenberg. So eilen Sie doch, Herr von Sommers!

Sommers. Ja! um mich zu rächen, daß man mich zum Spiel hat brauchen wollen (voller Wuth ab.)

Lichtenberg. Geh Thor; He Bediente! Bediente!

Bediente kommen. Was befehlen Sie gnädiger Herr?

Lichtenberg. Tragt Sorge für das Fräulein! ich bin gleich wieder hier! (ab)

(Bediente beschäftigen sich, um das Fräulein. Erster Bediente zum zweyten) Ruft die gnädige Frau!

Fr.

Siebenter Auftritt.

Frau von Wallstät tritt eilig und bestürzt herein. Vorige.

Fr. v. Wallstät. Lotte! wo bist Du? (Lotte kömmt nach und nach zu sich durch das Geschrey ihrer Mutter) Mein Kind! was ist Dir? der Graf schickt mich zu dir!

Lotte. Der Graf? — Wo ist — der Graf? wo ist er? — Ah! — — meine Sinne! sind hin! — —

Fr. v. Wallstät. Lotte! mein Kind! was ist dir?

Lotte. Sahen Sie den Grafen?

Fr. v. Wallstät. Im Vorbeygehen! — Erkläre mir, was ist die Ursache dieser Bestürzung? dieser Verwirrung, die ich auf allen Gesichtern lese?

Lotte. Liebe Mutter! ich bin so erschreckt! — sahen Sie sonst noch jemand? —

Fr. v. Wallstät. Wen? wen? ich bitte Dich? Herr von Sommers begegnete mir!

Lotte. Den nicht! den nicht!

Fr. v. Wallstät. Und so verwirrt? sieh'st so bleich!

Lotte. (zu den Bedienten) Verlaßt uns (Bediente ab) lassen Sie mich zu mir selbst kom-

kommen! ich kann keinen zusammenhängen=
den Gedanken denken. O! meine Mutter!
ich habe Trost nöthig, und Ruhe! haben
Sie Mitleiden, mit Ihrer Tochter!

Fr. v. Wallstät. Wie kann ich, so lan=
ge Du mir Geheimniße machst!

Lotte. Sie sollen alles erfahren. O! nur
Erhohlung! nur einen Augenblick. Erhoh=
lung! — —

Fr. v. Wallstät. Lotte, ich bin Deine
Mutter! muß es von diesen Augenblick an,
doppelt seyn. Also verbirg mir nichts.
Schütte Deine Thränen in meinen Busen.
Rede Kind, wer ist schuld an diesem trau=
rigen Zufalle?

Lotte. Ich selbst! sonst niemand! mein
eigenes Herz! die Liebe macht mein Elend!

Fr. v. Wallstät. Dein Elend nimmer=
mehr! wähle Dir einen Gemahl, ich wie=
derhole Dir es abermal, Er soll mein Sohn
seyn! meine Tochter kann keinen Unwürdi=
gen gewählt haben.

Lotte. Zu viel Großmuth; zu viel Zärt=
lichkeit! und doch wird sie meinen Jammer
nicht lindern können. Nur wenig Worte,
und Sie wissen mein ganzes Elend!

Fr. v. Wallstät. Nun so rede mein
Kind! entdecke mir, als eine Freundin der
Freundin! — —

Lot=

Lotte. (schüchtern) Erinnern Sie sich des jungen Grafen Bernau, welchen Graf Lichtenberg bey uns vorigen Sommer einführte?

Fr. v. Wallstät. O ja! ein feuriger lebhafter Jüngling! ich gewann ihn vom ersten Augenblicke lieb!

Lotte. (zuversichtlicher) Unsere Herzen fanden sich bald. Aber kaum hatten sie sich gefunden, da entfernte ihn die traurige Nachricht, von dem Tode seiner Mutter, und der Befehl eines bekümmerten Vaters! Er mußte fort ohne Erklärung gegen Sie. Aber mein Herz folgte ihm! — Oft in stillem schwur ich ihm ewige Treue! — Ach! — daß ich sie gebrochen habe! — Sie kennen Lichtenbergs Liebe! es war eine Zeit, wo Sie selbst ihm das Wort redeten. Ich weiß keinen würdigern Mann, als ihn, meinen Bernau ausgenommen! ich sah, wie der Kummer ihn nagte, seine blühende Jugend welkte! — — mich jammerte sein Leiden; Ich konnte seinen Thränen nicht widerstehn! — erst heute gelobte ich ihm meine Hand! und! — — bereiten Sie sich das Schröcklichste zu hören! — — (an Ihrer Mutter Hals) und! — — Bernau ist wieder da! (reißt sich loß und weinend ab)

Fr.

Fr. v. Wallſtät. (*allein*). Gott, was hör' ich? armes Mächen, was kann ich thun dich zu beruhigen? O! der Grad der Liebe, iſt für ein weiches empfindſames Herz der ſchmerzhafteſte! wie rath' ich dir zu deinem Beſten? Ich will Lichtenbergen rufen laſ=ſen, und ſprechen: wenn er der edle Mann iſt, denn ſein Betragen verſpricht, ſo wird er keinen Gebrauch von einem Verſprechen ma=chen, von dem das Herz des Verſprechers nichts wußte. O meine Tochter! Dich glücklich zu ſehen, iſt ja der einzige Wunſch, der zu Dir gütiger Gott täglich aus meiner Bruſt empor ſteigt! und du wirſt ihn nicht als dem einzigen meiner Wünſche unerfüllt laſſen.

Ende des zweyten Aufzugs.

Drit=

Dritter Aufzug.

Erster Auftritt.

Zimmer aus den ersten Aufzuge, Graf Bernau allein.

(Mit heftigster Wuth) Hab' ich Sie gesehen? — ja ich habe! — hier fühl' ichs! — ich sah Sie wirklich! — O! grausames Schicksal, reiche Deinem Sohne des Unglücks einen Trunk aus dem Leethe, zu vergessen was er sah! Mit welcher Vertraulichkeit Sie in seine Arme sank! — und mir kaum einen Blick! — — Sie ist also dein, Lichtenberg? — dein ist das Mädchen, welche der Inbegrif aller meiner Wünsche war! Ihr Besitz allein, sollte diese angenehme Wünsche erfüllen; und du verwandelst diese Wirklichkeiten in leere Worteschall; und schafst durch deinen Verrath das Toben der Hölle in meiner Brust! O Freundschaft! Freundschaft! Du selige Empfindung des Menschengeschlechts! warum wirst du an deiner Schwester

ster, der Liebe; so oft zum Verräther? — Da
steh' ich! — verrathen, hintergangen! ver=
spottet! als ein Zuschauer von euern Entzückun=
gen bemitleidet! — ha! immer drängt sich
der Gedanke an meine Seele! — Mord!
Mord! immer stellt er sich vor meine Au=
gen! als das Ende meines Leidens! — —
fort! — fort! ich kann, ich will dich nicht
denken! — — Er ist ja mein Freund! —
Unglücklicher, nennst du Ihn noch so? —
Ich sehe es, das Herz des Menschen ist eine
Wetterfahne! Vater, Mutter, und Freund
verrathen, um den Besitz seines Mädchens,
bedarf nur eine Drehung des Windes, und
die Wetterfahne zeigt, Vater, Muter, und
Freund auf der Sandbank ihres immerwäh=
renden Elende! — — Wie das glüth in
mir! will empor! — würgt, und drückt
mir das Herz ab! — (gegen das Porträt,
welches er hervor zieht, mit innigen Schmerz)
Lotte! — Liebe Lotte! lächelst so freundlich!
ist's möglich daß dies Auge einen anderen
aus mir gelächelt hat! aber verzieht sich
nicht dein Lächeln in Hohn? treibt nicht Ver=
achtung dir die Röthe ins Gesicht? Ha! ich
seh's, ich habe dich verlohren! fort! ich
kann, ich will dich nicht mehr sehen! — wer
kömmt? — —

D   Zwey=

Zweyter Auftritt.

Graf Lichtenberg.   Graf Bernau.

Lichtenberg. Ha! Karl! hab' ich Dich endlich gefunden? Du haſt uns ſehr erſchreckt.

Bernau. (äußerſt kalt) Laß! laß! ich liebe das nicht!

Lichtenberg. Woher dieſe Kälte? — Bernau, haſt du deinen Freund vergeſſen?

Bernau. Es lernt ſich!

Lichtenberg. Nicht länger in dieſem Tone, ich halt' ihn ihn nicht aus!

Bernau. Nicht?

Lichtenberg. War ich nicht dein Freund?

Bernau. Fragſt Du mich das?

Lichtenberg. Betrogener! welch ein feindſeliger Wahn bethört Dich? ich bins noch!

Bernau. Und errötheſt nicht, da Du es ſagſt?

Lichtenberg. Ich bitte Dich Bernau! bitte Dich um alles, ſchone meiner!

Bernau. Darf ich fragen warum?

Lichtenberg. Du willſt mir alſo die Urſache deines Kaltſinns, nicht entdecken?

Ber=

Bernau. Glaubst Du, ich werde Dir neues sagen?

Lichtenberg. Weg mit der Sprache des Spottes unter Freunden!

Bernau. Hast recht! sie könnte unsere Freundschaft nur entzweyen!

Lichtenberg. Unsere Herzen verstehn einander!

Bernau. Ich fühl's!

Lichtenberg. Höre also meine Rechtfertigung!

Bernau. Nein!

Lichtenberg. Du willst nicht?

Bernau. Sehe nicht gerne Schamröthe auf der Larve der Ehrlichkeit!

Lichtenberg. Wenn Du das fürchtest; — so leb' wohl! (will ab)

Bernau. (hält ihn) Eher Sie gehen, ein Wort!

Lichtenberg. Und was?

Bernau. (mit Schmerz, indem er ihm Lottens Porträt zeigt) Kennen Sie dies Frauenzimmer?

Lichtenberg. Bernau!

Bernau. Antwort will ich!

Lichtenberg. — — Ja! — —

Bernau. Haben Sie ein Recht auf Sie?

Lichtenberg. Bernau!

Bernau. Antwort!

Lich=

Lichtenberg. Gott! — —

Bernau. Haben Sie?

Lichtenberg. — — Ja! — Ja! —
(in gröſter Verwirrung)

Bernau. Nun gut! — Da nehmen Sie
das Porträt! nehmen Sie's hin! Ich kanns
nicht länger um mich haben! Aber zuvor
will ich Ihnen eine Geſchichte erzählen! ei=
ne Geſchichte! — — worüber ſchon! —
Menſchen Herzen geblutet haben, Verrä=
ther erblaßt, und Schuldige erſtarrt ſind!
ſind Sie beydes, oder keines von beyden,
ſo geben Sie wohl acht! die Geſchichte ver=
dient, um ihr Luſtiges in das Buch des
Freundſchaftsbundes eingetragen zu werden!
(mit ſteigendem Affekt, ſo, daß ſein Schmerz
gegen Ende der Erzählung ſeine Worte
erſticket) Dieſes Mädchen, mit dem offe=
nen Auge, der zärtlichſten, unverdorbenſten
Seele! mit der Miene des Engels, dabey
alle Eigenſchaften eines Gottes im Wirken,
auf das Herz eines liebenvollen Jünglings!
kurz! — mit allen Hoheiten begabt, die
ein Weib unſchätzbar machen! und
dieſe Ihre Abbildung nicht auszudrücken
vermögend iſt! — Dieſes Mädchen ſaß'
ich'! — unſere Herzen lieffen ſich; aber nicht
ohne unſern Verſtand mitzunehmen; einan=
der entgegen; und ſchwuren ſich durch ſim=

                                    pate=

pathetischen Selbstlaut, nie zu trennen! und so
sahen wir eine Reihe der blühendsten Aussichten vor uns! Umstände erforderten es, Sie
auf eine kurze Zeit zu verlassen. Aber auch
da waren unsere Aussichten keine Träume, sondern Wirklichkeiten, durch unsere unermeßli-
che Liebe. Ihr Andenken war meiner Seele
unauslöschlich! wachend, und träumend um-
schwebte mich Ihr Bild! — — so malt'
ich Sie! — — Sehen Sie dies Bild an,
und urtheilen Sie, ob Raphaels Meister-
hand den Pinsel richtiger führen konnte,
als die Lebhaftigkeit meiner Vorstellung an
mein Mädchen ihn hier führte. Und doch,
so lebhaft auch das Bild da steht, so steht
es doch mit noch weit lebhaftern Zügen, in
meinem Herzen! füllt es ganz, und weder Zeit,
noch Zufall vermögen es zu tilgen. (Pause
in welcher Bernau sich von seinem Schmerz
zu erholen sucht, und Lichtenberg seine
Unruhe nicht verbergen kann) Hören Sie
nur weiter! das Beste der Geschichte kömmt
erst! (mit äusersten Schmerz, Lichtenberg
ins Gesicht sehend) Ich hatte, (indem er
ihm bey der Hand nimmt) einen Freund!
einen Mann, für den ich mein Leben hinge-
geben hätte, Er trug den Stempel der Rechtschaffenheit auf seinem Gesichte, und — —
war! ein Gleißner im Herzen! (im Aus-

D 3   bruch

bruche des Schmerzens) Wollen Sie wif-
fen wie? — — Er machte sich meine Ab-
wesenheit zu Nutzen, und — — entriß mir
mein Mädchen! (er erstickt seine Thränen,
und sagt mit bittern Lächeln) finden Sie
die Geschichte nicht lustig?

Lichtenberg. (steht stumm, und wie
versteinert.)

Bernau. Ich habe auch so darüber gelacht! — — so gelacht! — — (Thrä-
nen stocken seine Worte) daß ich jezt gleich
nicht mehr lachen kann! — — sonst lacht'
ich! — — über Sie, daß Sie so da stehen!

Lichtenberg. Bernau! Deine Rache ist
grausamer, als Dolch und Gift!

Bernau. (bitter lachend) Ha! ha! ha!
Nun was zaudern Sie? nehmen Sie was
Ihre, und nicht mehr mein ist. (giebt
ihm mit Gewalt das Porträt) Vollenden
Sie Ihren Triumph! — Haben Sie auch
einen Freund hintergangen? auch eine Braut
zur Untreue verführt? — Desto besser!
schlagen Sie sich an die Stirne, und denken — daß noch nicht Ihrer Tage Abende
vorüber sind! (mit Hohngelächter ab)

Lichtenberg allein. Da stehst du Lichtenberg! — Angedonnert, und wagst nicht
von der Stelle zu gehen! wie mir's auf einmal so helle ward! — Lotte, war das Dir
Ur-

Urſache Deines Weigerns? und ich habe Dir Dein Herz zerriſſen? — — Soll ichs heilen? — Kann ichs heilen? Kann ich? O Freundſchaft! Liebe, Eiferſucht! — — Zerreißt mein Herz! nehmt es hin! ich kann nicht! — ich kann nicht! (ab).

Dritter Auftritt.

Herr von Sommers. Herr von Nord, aus dem Seitenzimmer.

Sommers. Sind Sie fort? Wohl! alles begünſtiget mein Vorhaben! ſieh' ich muß ſie beſitzen, bey Gott! ich muß Sie beſitzen, und es koſte was es wolle.

Nord. (zornig) Und mir gehe, wie es wolle, Fehde! ewige Fehde ſey von mir dem verrätheriſchen Theile der Schöpfung geſchworen. Aber ihr Romanen Helden, ihr ſeyd wie die Kinder! was man euch vorenthält, reizt eure Begierden noch ſtärker!

Sommers. Ich bitte Dich Nord, mach nur nicht jezt den Hofmeiſter! Du weißt, daß die Liebe keinen Wiederſpruch duldet!

Nord. Nun gut, ſo laß mich! beſorge Deine Sache ſelbſt, ſo biſt Du ſicher, daß Dir niemand Dein Spiel verdirbt!

Sommers. (giebt ihm eine Börſe) Da hier! Nord, nimm!

Nord.

56

Nord. Was solls? was ist?

Sommers. Ich bedarf Deinen Beystand!

Nord. Ich sehe, Du weißt mirs, nahe zu legen! — aber worinn? wogegen?

Sommers. Zur Ausführung meines Plans!

Nord. Und der ist?

Sommers. Komm' in meine Wohnung; Du sollst ihn auf's genaueste gezeichnet haben.

Nord. Wozu das? Du weißt ich bin kein Freund von langen Prologen, oder wie das Zeug heißt. Gemeiniglich wird hernach nichts Gescheutes, aus der ganzen Komödie.

Sommers. Mein Herz ist so voll, von tausend Empfindungen! beleidigte Liebe! und Rache stürmen in mir zu sehr, um Dir jezt gleich die Ordnung meines Planes, an den Fingern herzuzählen. O! Nord! noch gestern! — — Gestern! — Ich komme von Sinnen! — Ha! ich hätte mich mögen auf's Knie hinstürzen, und die herrliche Gestalt anbeten! So viel Würde und Ausdruck in jeder Miene! — und von dem ganzen Komplot so hintergangen, so zum Spielwerke gebraucht zu seyn! mich zum Unterhändler brauchen wollen? beschimpft von dem Kerl, der sich für einen Maler ausgiebt! Listig ausgesonnen! — Daß ich Thor das

aus

aus seinem Betragen nicht abnahm! Ihn ordentlich einzuführen! wenn ich mir das je vergebe! — —

Nord. Narr! renn den Kopf wider die Wand! wird's damit besser! vergiß die Leichtsinnige, denk daß es die Weiber sind, die sich an unseren Marter weiden, das ist das Gescheuteste was du thun kannst. Sieh das ist mir, wie ein Trunk kalt Wasser!

Sommers. Du hast recht Nord, ich fühls, daß Du recht hast! aber ich kann nicht! — Ich möcht's machen wie Du, aber es geht nicht! es geht nicht! sieh', ein Blick von ihr fesselt mich, daß ich da stehe, wie angeheftet auf Gottes Erdboden! und nicht wage, ein Auge zu ihr aufzuheben! — das fühlst Du nicht! — Das hast Du nicht gefühlt? Du Grönländer! — Und wie könntest Du's auch! (Enthusiastisch) als ich so in Garten mit Ihr auf und abgieng, da dufteten die Blumen so lieblich, und die Bäume streuten ihre Blüten nieder; und Sie wollte mich aufmerksam machen, auf alle das? Ha! dacht' ich! — die schönste Blume bist doch du, und da! — was kümmert mich die ganze übrige Wirtschaft!

Nord. Das klingt ja allerliebst! aus was für einer Roman hast Du das abgeschrieben?

Som=

Sommers. Abgeschrieben? sagt' ichs
nicht, daß Du ein Mensch bist ohne Empfindung? ist das nicht wahre Sprache der Natur? ächtes Menschengefühl?

Nord. Daß Du ein Mädchen liebst? —
nun gut! daß Du ihr den Hof machst! —
auch das! daß Du ihr ins Gesicht schmei-
chelst? — mag hingehen! — aber so, zum
Gecken zu werden? — — O! ich werde
noch selbst am Ende verrückt über all' das
Geschwätz, was ich seit einiger Zeit habe
hören müssen!

Sommers. Wie du nun plauderst!

Nord. Ich muß! muß meiner Galle Luft
machen! — — Sonst waret ihr alle so zu-
ckersüße, so französirend in euern Wesen
und Betragen! jezt, seit der Werther auf-
getretten ist, wollt' ihr alle mit Drang und
Sturm oben hinaus! — Thoren seyd ihr!
die nämlichen Kerls, nur unter einer anderen Maske! sallt da Dinge, die ihr selbst
nicht versteht.

Sommers. Häst genug geprediget Mo-
ralist?

Nord. Meinst du etwa, ich könnte mich
am Ende selbst prostituiren? wahrhaftig
nicht!

Sommers. Nun so komm, wollen auf
die Anführung unseres Plans denken.

Nord.

Nord. Schon wieder? nun noch erst lange denken zu können! die That muß dem Entschluße ohne Grübeln folgen. Das ist der wahre Stein der Weisen! und wenn das nicht ist, das andere alles ist Tand! also laß einmal so in der Oberfläche hören, worauf es ankömmt.

Sommers. Auf eine Entführung, wozu ich mir den Zwist der Verliebten bedienen will.

Nord. Sonst waren sie nur aus den Klöstern Mode, wo die Schwierigkeiten derselben, der Liebe einen höhern Werth gaben! Doch aber ist der Einfall so übel nicht, nur liegts an Gelegenheit und Ausführung!

Sommers. Erste hab' ich, und zur zweyten mußt Du mir behülflich seyn!

Nord. Nun?

Sommers. Sieh hier meinen Plan! Du kennst die Lage, meines Gartenhauses hier im Wäldchen, in welchem Lotte zu ihrer liebsten Unterhaltung täglich einsam zu spazieren pflegt. Heut ist ein schöner Tag, wo sie gewiß nicht ausbleibt. Ich werde sie von ohngefehr da begegnen, sie unvermerkt näher auf mein Gartenhaus zugehen, bereden, weil sie mir schon lange versprochen hat; es sehen zu wollen! verstehst Du? — und das übrige laß mich besorgen.

Nord.

Nord. Nun brauchst Du dabey denn meine Hülfe? — Ich glaube — — verzeihe mir die Sünde, Du hast mich zum Narren?

Sommers. Nur Geduld. Ich werde ihr meine Liebe erklären. Ich sehe schon im Voraus, mit welchen Erfolge. Die Kerls haben sich zu sehr ihres Herzens bemeistert! also; Du hältest mit einen Wagen auf dem halben Wege, und wir bringen sie auf mein Gartenhaus! kaum daß wir einige Augenblicke da sind, erregst Du Feuer, oder sonst einen Lärmen auf einen Wink von mir. Ich mit den Scheine der aufrichtigsten Reue meines Vergehens, werde mich ihres Schreckens bediene, und unter dem Vorwande, sie wieder nach Hause zu bringen, mit ihr im Wagen, und über die Grenze!

Nord. Gut gut! ich verstehe dich. Ich gratulire im Voraus.

Sommers. Aber, Nord, kann ich mich auf dich verlassen?

Nord. Das kannst Du! die Frau Mama und die Fräulein Tochter, sollen auch mich bey dem Späschen hören!

Sommers. Dann mögen sich meine Nebenbühler zanken, so lange Sie wollen; ich will Sie nicht stören.

Nord. So gefällig bist Du!

Som=

Sommers. O! daß der Augenblick erst da wäre! kann ich ihn erwarten? Daß sie erst mein ist! das süße Geschöpf in meinen Armen! O Nord! Nord! Nord! meine Erkenntlichkeit gegen Dich, soll so ohne Grenzen seyn, als Deine Hülfe um mich! denke nur! — Lotte! Lotte! das himmlische Mädchen mein! —

Nord. Sparre Deine Enzückungen bis dahin! wie gesagt, nach langen Prologen taugt gemeiniglich die ganze Komödie nichts!

Sommers. O! Sie soll taugen! sie soll recht lustig werden!

Nord. Studiere deine Rolle, aber gut, daß du nicht ausgepfiffen wirst!

Sommers. Sorge nicht! (beyde ab.)

Vierter Auftritt.

Zimmer in Frau von Wallstäthause.

Lotte allein. (mit ängstlichen Schmerz) O Du Alliebender! hast Du mich dazu aufbewahrt; um ein Opfer meiner allzuzärtlichen Empfindungen zu seyn? O Bernau! Lichtenberg! habe ich das um euch beyde verdient? Oder ihr beyde um mich? Wer bin ich? ein armes Mädchen! und doch die Quelle Bernaus, und Lichtenbergs Elend!

die-

dieſem ſoll von mir Rechtſchaffenheit und Liebe
unbelohnt, und jenem Liebe und Rechtſchaf=
fen unvergolten bleiben! — — Und meine
Mutter! die gütigſte beſte Mutter! — mit
welcher zärtlichen Nachſicht! mit welcher
liebkoſenden Vorſtellung ſie meine unglück=
liche Lage anhörte, und mit ſegenden Ver=
langen mir Ruhe wünſchte! O daß durch
mich die beſten Menſchen leiden müſſen!
(wirft ſich in einen Stuhl und weint.)

Fünfter Auftritt.

Graf Bernau. Lotte.

Bernau. (herein ſtürzend) Wo iſt mei=
ne Lotte? (zurückfahrend und kalt) ver=
zeihen Sie mir Madame! den unwillführli=
chen Ausbruch einer Leidenſchaft, die Sie
beleidigt!

Lotte. (von Ihrem Schrecken ſich erho=
lend mit Schmerz) Mich beleidigt? — O
Bernau!

Bernau. Ja Fräulein! Aber der Schmerz
ließ meinen Füßen den Zügel, ich eilte hieher
ohne mein Wiſſen! ich weiß, ich ſollte Sie
nicht wieder ſehen.

Lotte. Warum nicht?

Ber=

Bernau. Weil Sie Ihrem Herzen nicht gebieten können, das für einen anderen schlägt, und den unglücklichen Bernau verworfen hat.

Lotte. Sie verworfen? — O Bernau! — Sie wissen, der Besuch eines Freundes ist mir allemal willkommen!

Bernau. Eines Freundes? Ha! ich verstehe Sie! — leben Sie wohl Madame! (will fort.)

Lotte. Wohin Bernau?

Bernau. Fort! — hin wo mirs längst schon wohl geworden wäre! Mein Herz ist zu dieser Freundschaft nicht geschaffen! es stürmt und tobt zu sehr! nichts will es, oder alles! Ich wollte Sie noch einmal sehen! das hab' ich nun, und so! — — nie wieder!

Lotte. (gerührt) Bernau! Sie verkennen mich! — verdien' ich das?

Bernau. Fräulein! beste Lotte! (zu ihren Füssen) Was fang' ich an? — — Nein das kann Sie nicht! — und doch — dieser Blick! (aufspringend) wär's wahr, was er mir sagt! —

Lotte. (läßt ihre Hand in die seinige sinken.) Liebe! Liebe! Gott! ist es wahr? bin ich's? nicht jener? Sie schweigen? — aber Ihr Auge spricht für mich!

Lotte. Bernau!

Bernau. Ha! tobe nur! klopfe nur stür-
misches Herz! — Sie ist Dein! fühlst Du
wie's schlägt? für Dich Du Geliebte meiner
Seele! so schlug es, seit wir uns trennten;
ängstlich und bang'! aber jezt! O Deine Liebe hebt mich über mich selbst! — verzeih
mir wenn ich Dich beleidigte! verzeih mir
Engel!

Lotte. Ich soll ihnen verzeihen? Bernau
beleidigte mich nicht. Aber ich kenne jemand den er beleidigte; tödlich beleidigte!

Bernau. (bestürzt) Wie Fräulein? doch
ja, ich verstehe! es ist wahr, Sie haben
recht. O! ich will mich ihm zu Füssen wer-
fen, mein Unrecht erkennen! das wünschen
Sie doch nur! ich will Ihnen gehorsam seyn!

Lotte. Dieser Ton? was für neue Erscheinungen Ihrer Fantasie?

Bernau. Erscheinungen nennen Sie das,
was ich so tief, so innig fühle? in den Augenblicke fühlen muß, da ich mich meinem Glücke so nahe glaubte? — Aber es ist alles,
gut Fräulein! recht sehr gut, ich versichere
Sie! — Und ich danke Ihnen für Ihren
guten Rath!

Lotte. — — Wissen Sie, was Ihr Betragen verdient?

Bernau. Nun!

Lotte. (verneigt sich) Die Antwort über=
lasse ich Ihnen! (ab).

Bernau. Lotte! Lotte! — was that ich!
(rasend) Ha! es ist klar! klar wie die Wahr=
heit! Sie hat mich getäuscht! die Treulose!
Sie hat mich getäuscht! Sie wollte mich si=
cher machen, um mich auf einmal zu ver=
nichten. Ha! Treulosigkeit! Dein Urstamm
ist das Weib! und ich Grillenfänger härme
mich da um ein treuloses Weib ab, die mich
nie liebte! ich Feigherziger, habe die Mit=
tel zur Rache des Verraths in Händen, und
brauche sie nicht?

Sechster Auftritt.

Fräu von Wallstät. Gräf Bernau.

Fräu von Wallstät. (kömmt aus ei=
nem anderen Zimmer als worin Lotte abge=
gangen ist) Ah, Herr Graf, ich sollte zür=
nen mit Ihnen, sich von mir in meinem Hau=
se aufsuchen zu lassen, und das in einer An=
gelegenheit die Sie so stark, und stärker als
mich angeht. Danken Sie meine Bereitwil=
ligkeit zur mütterlichen Verzeihung, meiner
Tochter, welche nach langen Kampfe das
Wort für Sie bey mir geredet hat.

E   Ver=

Bernau. Nach langem Kampfe?

Fr. v. Wallstät. Ja! nach langem inner-
lichen Kampfe, sagte sie mir erst heute, mit
der zärtlichsten Fürbitte für Sie ihre ganze
unglückliche Lage.

Bernau. Mit Fürbitte? die unglückliche Lage?

Fr. v. Wallstät. Wofür Sie Ihr Dank
schuldig sind!

Bernau. Ohnfehlbar, gnädige Frau! —

Fr. v. Wallstät. Aber wo ist meine Tochter? ich glaubte Sie bey Ihnen, Herr Graf?

Bernau. Vergeben Sie gnädige Frau!
Fräulein Charlotte ist zu sehr über mich erha-
ben; als daß sie sich mit mir unterhalten sollte.

Fr. v. Wallstät. Ich versteh' Ihre Reden nicht.

Bernau. Wahrhaftig, gnädige Frau, ich
verstehe mich wohl selbst nicht! — auch ist
es kein Wunder! — — Das Bißchen Verstand, was der Himmel uns gab, ist so leicht
dahin!

Fr. v. Wallstät. Und warum wäre das
bey Ihnen der Fall?

Bernau. Fragen Sie Ihre Tochter, Sie
wird's Ihnen erklären, ich kann nicht.

Fr. v. Wallstät. Was ist das? — Was
fehlt Ihnen? Es ist Zeit, Herr Graf, daß
ich ernsthaft mit Ihnen rede. Sie wissen,
daß

daß eine zärtliche Mutter nichts so sehr am Herzen liegt, als das Beste Ihres Kindes! Setzen Sie sich!

Bernau. (verneigt sich und bleibt stehen) Gnädige Frau!

Fr. v. Wallstät. Unterbrechen Sie mich nicht! Sie hören, Herr Graf, daß ich von allen unterrichtet bin, was zwischen Ihnen, und meiner Tochter vorgegangen! ich kenne Ihre Absichten, obschon Sie mich als Mutter nicht gewürdigt haben, diese zu entdecken. Auch habe ich Gründe zu vermuthen, daß meine Tochter Sie liebt.

Bernau. Haben Sie?

Fr. v. Wallstät. Und daß Sie meine Tochter bey der freysten Wahl allen anderen vorziehen würde.

Bernau. Wirklich?

Fr. v. Wallstät. Sie sind sehr einsilbig, Herr Graf! was ist Ihnen?

Bernau. Nichts gnädige Frau! — gar nichts! Es ist meine Gewohnheit so. — Vielleicht ein Fehler! — ich bin nicht immer Herr über mich selbst.

Fr. v. Wallstät. Das sollten Sie doch, zumal wo es auf das Glück Ihrer Tage ankömmt. Ich kenne Ihre Verdienste, kann ich etwas zu Ihrem Glücke beytragen? — reden Sie!

Ber-

Bernau. Ich danke Ihnen für diese Gesinnungen, gnädige Frau! — Ich würde sie zu nutzen wissen, nur daß es zu spät ist.

Fr. v. Wallstät. Wie das?

Bernau. Sehen Sie, gnädige Frau, ich bin ein so wunderlicher, nichtsnütziger Kopf, daß ich mein Glück, besonders in dem Falle niemand, als mir selbst will zu danken haben!

Fr. v. Wallstät. (aufstehend) War das Beleidigung, Graf?

Bernau. Nein, gnädige Frau!

Fr. v. Wallstät. So haben wir uns uns recht verstanden.

Bernau. Das thut mir leid!

Siebenter Auftritt.

Graf Lichtenberg. Vorigen.

Bernau. (wild, da er Lichtenbergen sieht. Wirft den Stuhl, an welchem er bisher gestanden, voller Wuth um.) Ha! was seh' ich?

Lichtenberg. Gnädige Frau! Sie haben Gesellschaft! ich will nicht stören. (will fort).

Fr. v. Wallstät. Bleiben Sie, Herr Graf! was wir einander zu sagen hatten, war eben abgethan.

Bernau. Ja! — bleiben Sie! — bleiben Sie! Fr.

Fr. v. Wallstät. Die Rede war von meiner Tochter! ich bitte Sie, Graf Lichtenberg, seyn Sie ihr und mir, als unser Freund, weniger selten mit Ihren Besuche. Unser Haus bedarf eines so edlen Freundes, als Sie sind, sehr!

Bernau. (spöttisch) Meinen Sie nicht, er würde das auch gerne seyn, ohne ihre Bitte?

Fr. v. Wallstät. Was Ihnen doch wohl keine Unruhe machen wird, Herr Graf?

Bernau. (mit zurückhaltender Wuth) O! — im geringsten nicht! vielmehr bin ich erfreut über die Begebenheit! Glück zu der gnädigen Mutter! und Freude, der Fräulein Tochter! — (Lichtenberg mit starrer Bitterkeit ansehend) Sehen Sie, Graf, so muß man sich in Umstände zu schicken wißen. Nicht wahr, Sie hätten mir eine solche Mäßigung nicht zugetraut? — — Wahrhaftig, — — ich selbst nicht! — Nun, was stehen sie denn so? — — bin ich Ihnen im Wege; um Ihre Empfindungen der Freude frey auf die segnende Hand der Mutter zu ergiessen? — Sie haben recht, das wäre keine Scene für mich! — und so! — — Gottes Segen über Braut und Bräutigam! das Glück schütte ihr ganzes Fühlhorn über euch Unschuldige ; Euer Pfaad sey an der

E 3   Hand

Hand der Eintracht, der meinige geht abwärts! — adje!

Lichtenberg. (hält ihn) Bernau!

Bernau. Noch mehr? — — Ich kann nicht mehr! ja! — Doch noch ein Versprechen, will ich euch thun! — — Ich komme zum Tanze! (reißt sich los und ab.)

Fr. v. Wallstät. Graf; war das Ihr Freund? der sanfte gefühlvolle Jüngling?

Lichtenberg. In der That, gnädige Frau. Kaum, daß ich Ihn noch kenne. Ich zittere für die Folgen seines heftigen Temperaments. Da geht er umher, in stummer Verzweiflung, verkennt seine ersten Freunde, sieht in jedem, der ihm begegnet, einen Feind! doch, was erzähl' ich Ihnen! Sie wissen ja alles! die ganze traurige Geschichte des gestrigen Tages, die mich und ihn unglücklich macht.

Fr. v. Wallstät. Ja, Lichtenberg! ich weis alles! mit dem aufrichtigsten Herzen aus dem Munde meiner Tochter. Sie sind Freunde, Freunde und Nebenbuhler; beyde gleich zärtlich liebende Nebenbuhler! — — welche Leidenschaft von beyden die Vernunft schweigen heißt, überlasse ich mehr Ihrer geprüften Rechtschaffenheit, als Bernaus Jugendhitze! Graf, könnten wir der Sache die Wendung geben, daß es auf mich ankäme, Sie

mit

mit meiner Tochter glücklich zu machen, Sie
sollten sehen, es würde der Ruhepunkt meines Stolzes seyn!

Lichtenberg. Ich danke Ihnen, gnädige
Frau! — aber meine Ruhe und die seinige ist dahin! und ich fürchte sehr; auch die
Ruhe Ihrer würdigen Tochter. Die meinige aber, vor allen anderen, ist unwiederbring-
lich verlohren. Ich kann diese Liebe nicht
unterdrücken, sie hat zu tiefe Wurzel in
meinem Herzen geschlagen! Wäre Bernau
weniger zurückhaltend gewesen! ich hätte sie
im ersten Keime zu ersticken gesucht; hätte
mein Glück, dem seinigen aufgeopfert! —
aber so! —— Sie wissen, was ich Ihrem
Hause gewesen bin! so Jahre lang in dem
Umgange des edelsten besten Mädchens gewöhnt! in die geheimsten Falten ihres vor-
treflichen Herzens gedrungen zu seyn! — bey
Gott, ich kann nicht! ich kann nicht! ——
dazu fürcht, ich! —— doch ich habe nichts
zum Nachtheile meines Freundes äußern wollen! Ich unterwerfe mich dem Ausspruche
Ihrer Fräulein Tochter. Sie entscheide
mein Schicksal! und sey es Leben oder Tod!
Sie gebiethe; ob ich der Freundschaft die
Liebe, oder der Liebe, die Freundschaft auf-
opfern soll.

Fr.

Fr. v. Wallstät. Graf! — ich bewundere Ihre Denkungsart nicht zum erstenmal; sie entspricht abermals Ihrer erkannten Rechtschaffenheit. Gehen Sie zu meiner Tochter, ich verspreche mir von beyden Herzen den besten Erfolg! denken Sie daran, Graf, Ihre Ruhe und nicht weniger das Glück meiner Tochter liegt mir am Herzen. (ab).

Lichtenberg allein. Ja, ich will hin! jezt sammle dich mein Herz! sammle dich zu dem großen Opfer, das du der Freundschaft bringen sollst! jezt oder nie wieder! (ab).

Ende des dritten Aufzugs.

Vierter Aufzug.

Erster Auftritt.

Zimmer in Koffiehause.

Wirth. (allein) (verdrüßlich) Das weiß
der liebe Himmel, wie es seit gestern in meinem Hause hergeht? das läuft durch einander aus und ein, mit lauter leeren Magen,
und muß in einer Viertelstunde mehr als
tausend Fragen umsonst beantworten, und
alle beziehen sich auf den fremden Künstler,
der muß durch seine Kunst alle den anderen
Herren einen starken Strich durch die Rech-
nung gemacht haben! Ich muthmasse fast so
etwas! —

Zwenter Auftritt.

Graf Lichtenberg Wirth.

Wirth. Ach Herr Graf! — Unterthänig-
ster Diener! Pflichtschuldigster Diener! was
ist zu Euer Gnaden Befehle?

Lich-

Lichtenberg. Nichts, Herr Wirth! gar
nichts! Ist der fremde Herr nicht zu Hause?

Wirth. (für sich) Sag' ichs doch! immer der Fremde, und immer der Fremde!
(laut) Er ist die ganze Nacht nicht zu Hause gewesen.

Lichtenberg. (unruhig) Die ganze Nacht
nicht zu Hause gewesen? Gott! wo mag er
herum schwärmen! Seine fürchterliche Laune
macht mich zitternd.

Wirth. (der gehorcht hat) Euer Gnaden
haben recht. Er kam mir äusserst aufgebracht vor, als er fort gieng. Auch die
Unordnung seines Anzugs kam mir verdäch-
tig vor!

Lichtenberg. Laß er mich allein! (wirft
sich in einen Stuhl).

Wirth. Wie Sie befehlen! (für sich)
wieder eine Frage mit leerem Magen. (ab).

Lichtenberg. (allein) Die ganze Nacht
aus dem Hause! — der Unglückliche! aber
bin ich es weniger? — — O! Bernau!
Bernau! wer von uns glaubte je; daß solche Lage das Band unserer Freundschaft
zerschneiden würde? — aber nein, sie soll
es nicht! ich will der Märtyrer der Liebe und
der Freundschaft seyn! — — Aber was
muß ich da thun? — — Lotten entsagen?
— Gott im Himmel! kann ich das? —
O!

O! Freundschaft; du forderst viel! — —
viel von der Liebe! Ich will beyde, mir gleich
theuern Gegenstånde noch einmal sehen;
und dann entscheide du Schicksal, unter bey=
den mir gleich starken Empfindungen, welche
von beyden ich verläugnen soll! Ich will mein
Leiden dulden, wenn es meine Liebe verwirft.
Aber Gott stårke dann meinen Muth, die
Ueberzeugung zu ertragen, nur zu meinem
Unglücke mit einem empfindlichen Herzen ge=
bohren zu seyn! — Wie vieler Menschen
Schicksal ist das nicht? Wie wenig sind hier=
in glücklich; und warum will ich just zu den we=
nigen gehöen? (steht auf) Gute, herrli=
che Philosophie für den Kopf; aber nicht
für das Herz! ein unnenbarer Schmerz sagt's
mir, nicht für das Herz: und doch ziemt es
der Vernunft eines Mannes; über das Herz
des Liebhabers Hofmeister zu seyn! und sie
soll es meinem kranken Herzen sagen! Ich
wünsche ihn zu sehen, ob ich gleich des
Elends kein Ende weiß.

Dritter Auftritt.

Graf Bernau. Graf Lichtenberg.

Lichtenberg. (ihm entgegen) Ha Bernau!
Bernau.

Bernau. (zerstört in seinem Anzuge) Wie? — Verfolgst Du mich schon wieder? willst mich auf jeden Schritt Deinen Triumpf empfinden lassen? hüte Dich, Unglücklicher, mein Geist möchte über eueren Küßen schweben, daß sie auf Euern Lippen zittern; wie der Schuldige vor dem unbestochenen Richter! — Hüte dich, daß er nicht einen Bund mit den Deinigen mache; Dich mitten in Deinen Freuden schröcke, und zuruffe: Mörder des Bernau!

Lichtenberg. Ich beschwöre Dich! bey den Banden unserer Freundschaft! — —

Bernau. Banden der Freundschaft? — (lacht wild) Ha! ha! ha! war mirs nicht, als ob der Satan vor Gericht stünde und klagte! — Ich entlaß dich dessen!

Lichtenberg. Laß ab, laß ab! ich trage das nicht! — — sage mir, was in Deinen Herzen vorgeht? Was soll diese schwarze Verzweiflung auf Deiner Stirne?

Bernau. Ist sie da auch sichtbar? Das soll sie nicht! (drückt sich den Huth ins Gesicht) sie soll auf meiner Stirne kein offenes Buch seyn, woraus meine Verderber ihren Triumpf sehen, und sich mit hönischem Lächeln in ihr Herz schreiben! Hier! (auf's Herz zeigend) hier tobe Du, und mache den Jammer ein Ende!

Lich-

Lichtenberg. (für sich) O Liebe! weiche dem ältern Bande der Freundschaft, oder ich werde an euch beyden zum Mörder!

Bernau. (schnell auffahrend) Mord? — ja, das war, das war das rechte Wort! — die wahre Harmonie, für mein Ohr, um meinem Herzen Nahrung zu verschaffen.

Lichtenberg. Verblendeter! komm zu dir, und hör mich?

Bernau. O! fahre fort, und werde nicht mißtönig, in deiner Harmonie!

Lichtenberg. Weg! weg mit diesen Tone! — höre mich! Du bist diese Nacht nicht zu Hause gewesen?

Bernau. Bin ich wirklich nicht?

Lichtenberg. Was soll das? Was willst Du damit?

Bernau. Soll ich Dirs entdecken? Ich bin umher geschweift in Wald und Wildniß Freundschaft und Mitleiden unter den Thieren zu suchen, die mir die Menschen versagen! — — Weißt Du nun genug? Nun, willst Du noch nicht lachen? Noch meiner nicht spotten; dein Hohn ist Balsam, für mein Herz! so lache! lache doch!

Lichtenberg. (will ihn umarmen) Bernau.

Bernau.

Bernau. Fort sag' ich Dir! Ist deine Miene schon so sehr zur Liebe gewöhnt, daß Du nicht einmahl lachen kannst?

Lichtenberg. Bernau! sey wieder mein Freund und höre mich!

Bernau. (mit starren wilden Augen, ihm verächtlich ansehend).

Lichtenberg. Welch ein fürchterlicher Blick!

Bernau. In der That? — Wisse, wer den Blick nicht erträgt, kann mein Freund nicht seyn! geh Elender. (will fort)

Lichtenberg. (hält ihn) Bleib, Bernau! höre mich! — Sie — ist Dein!

Bernau. Wie? was sagst Du? nein, nicht mehr mein, oder hast Du Dich so tief Ihres Herzens bemeistert, daß Du wie ein Gott darüber schalten kannst?

Lichtenberg. Beruhige dich, Sie ist's Sie soll Deine seyn! denk Dir den ganzen Umfang des Worts! das Opfer, was ich der Freundschaft bringe, und urtheile, ob ich Dein Freund bin?

Bernau. Was das für ein Schall ist! — Freund? hab' ich einen? kann ich einen haben?

Lichtenberg. Du hast ihn, — und ich bins!

Bernau. Du? (wendet sich weg)

Lich=

Lichtenberg. Zweifelst Du noch, nach
dem, was ich Dir aufopfere?

Bernau. Nimm mir mein Gesicht, mein
Gehör! vielleicht glaub' ich Dir dann!

Lichtenberg. Sie liebt Dich!

Bernau. Mich?

Lichtenberg. Ja! und Sie soll die Deine seyn.

Bernau. Soll Sie das? kann Sie das,
da Sie Deinen Antrag begünstigte?

Lichtenberg. Aus Mitleiden, nicht aus
Liebe.

Bernau. Ha! wie Du lügst! — oder
weißt Du nicht was Du sagst? Mitleiden
und Liebe gränzen so nahe aneinander! —
O! hätte Sie nur Mitleiden mit mir gehabt, es wäre doch einiger Ersatz für mein
Leiden gewesen! aber so! — — doch Liebe
und Mitleiden für mich lassen sich ihrem
Herzen so wenig gebiethen, als den meinigen Ruhe bey euch! und darum verlaß mich!

Lichtenberg. Komm und überzeuge Dich!

Bernau. Ich bins! da, wo sie in Deine Arme sank! als sie ihre Blicke von
mir wandte; da ich zu ihren Füßen lag!
als sie mich mit Vorwürfe wegen Deiner
überhäufte; wo sie mich mit innerlichem
Hohngelächter dastehen ließ, als ob der Donner mich auf den Boden heften sollte! da!

da,

da, warb ichs inne; da ward ich überzeugt! weißt Du, daß noch? — daß weißt Du nicht mehr? (schlägt sich vor den Kopf) Gott im Himmel! warum kann ich es nicht auch vergessen?

Lichtenberg. Deine Fantasie täuscht Dich!

Bernau. Fantasie? Fantasie spricht aus dem Spiegel der Einbildung mit glühendem Kopf, und kalten; aber nicht blutenden Herzen, wie das meinige! Hier gelten keine Träume! Wirklichkeiten machen mein Elend! (er weit bitter) O! ihr weibischen Augen, weint ihr über euch selbst, das ihr sehen mußtet, was ihr sah't? — —

Lichtenberg. Bernau!

Bernau. Laß mich weinen! seit meinen Denken hab ich nicht geweint, und man sagt ja, Lachen macht uns mutloß und wild, aber wenn wir weinen, wenn wir viel geweint haben, dann wird uns besser. Dazu legte ja die Natur diese Thränenquelle in uns!

Lichtenberg. Bernau, Du bist außer Dir! sammle Dich. Ich sehe, alle meine Gründe zur Ueberredung des Gegentheils von alle dem, sind hier zu schwach; ich will den Vortrag anderen überlassen; nur eure Bitte gewähr deinem Freunde noch!

Bernau.

Bernau. Meine Kräfte sind nur noch ein kleiner Rest; sie muß nicht groß seyn.

Lichtenberg. Sprich noch einmal Lotten!

Bernau. (fährt zusammen) Viel gefordert! — das ist wieder unsere Abrede! — — aber doch! — Du siehst es gerne; — und ich! lächze nach den letzten Tropfen des schon halbgeleerten Kelch's, meines Jammers! Du weißt, ich bin an das kleine Wort, ja noch nie zum Lügner worden. Und ich habe euch ja versprochen, zum Tanz zu kommen! (ab).

Lichtenberg. (allein) Ich Unglücklicher! — — von wie viel tausend Empfindungen werde ich umher getrieben? Freundschaft, Liebe, und Mitleiden! Ein jedes von Euch kann uns über uns selbst erheben, und Elend machen! Sie soll Seine seyn! — das habe ich versprochen? — — Gott stärke mein Herz, Wort halten zu können! so kann ich nicht; als durch Aufhören! laß mich denn aufhören, so bin ich zum Ziel, und alles Leiden der Liebe und Eifersucht hat ein Ende! — (ab).

Vierter Auftritt.

Zimmer in Frau von Wallstär Hause.

Anton. (kömmt für sich mürisch herein) Das mag Luziver wissen, was das jetzt ist

F   und

unseren Hause ist; der muß gewiß mit im
Spiel seyn. Kein Mensch kann daraus klug
werden, es heißt, das eine Braut im Hause ist, aber ich kann sie nicht errathen. Alle, von den Damen bis zum Frauenzimmern
haben rothe Augen, wie die Hexen! und
das ist doch sonst nicht das Abzeichen der Bräu-
te! wer weiß, es mag wohl gar die Mode
jetzt so seyn? die Ehen sind jetzt auch ganz
anders geformt, als vor 50 Jahr, es gilt
darinn kein Handschlag mehr, wie ich mir
habe erzählen lassen, darum wird gewiß
keine Freude mehr bey den Bräuten gelten.
Je nun! mag gelten was da will! wenn
die Reihe an mir kömmt, mach' ich jede
Mode mit. Ah! — da kömmt die Rothäu-
igste, von allen Rothäuigen!

Fünfter Auftritt.

Fräulein Lotte. Anton.

Lotte. (mit trauriger und unruhiger
Miene) Meine Mutter nicht hier Anton?

Anton. Nein gnädiges Fräulein!

Lotte. Sah' er Sie nicht?

Anton. Vor wenigen Minuten, ginge
die gnädige Frau im Garten.

Lot=

Lotte. Laß er mich allein! wenn meine Mutter nach mir fragt, ich bin hier:

Anton. Ganz wohl. (ab).

Lotte. (allein) (setzt sich) Wie zerstreut sind meine Sinne! wie Bange, und unruhig schlägt mein Herz! — Ich fühl's! zu sehr fühl' ich es, der Unglückliche hat Trotz seines ungestümen Betragens, einen zu tiefen Eindruck auf mein Herz gemacht! — — Ich kann ihm nicht hassen. Liebe spricht mein ganzes Herz für Ihn; und wird es ewig! — O! Lichtenberg! vergieb mir edler Mann, den Kummer, den Dir dies Geständniß gemacht haben mag! Gott lohne die dein Opfer, welches Du der Freundschaft zu bringen versprochen hast; durch eine liebevolle Gattin! — O! es muß hart seyn; aber wo er bleiben mag? — wenn der Unglückliche Ihm seine Freundschaft nicht danckte! wenn sein Temperament, Ihm zu neue Beleidigungen verleitete? O! ich zittere für beyde.

Sechster Auftritt.

Graf Lichtenberg. Lotte.

Lotte. (den Grafen ängstlich entgegen) Lieber Graf, sind Sie da?

F 2   Lich-

Lichtenberg. (seufzend) Ja! — mein Fräulein!

Lotte. Sahen Sie Bernau?

Lichtenberg. Wehe mir, warum erinnern Sie mich daran! — Ja ich habe Ihm gesehen, mit ihm gesprochen — und — —

Lotte. (ängstlich) Und was?

Lichtenberg. (mit Schmerz) Und habe Ihm! — — ich weiß es nicht zu benennen! — — es ist geschehen! — — Er ist der Ihrige!

Lotte. (Ihm mit innigen Mitleiden betrachtend) Lichtenberg! —

Lichtenberg. (schmerzlich Lotten ansehend) Fräulein! — — nie glaub' ich, war die Freundschaft unter den Menschen in so hohen Preiß, als Sie ich jetzt erkaufen muß! O! daß ich Ihm nie kannte! — Sie! — — nie gesehen hätte!

Lotte. Ersteres wünschen Sie? ich sollte es wünschen! aber es ist zu spät! Edler Mann, ist es nicht weniger strafbar, Ihnen alles gestanden, und nichts verheelt zu haben, als — —

Lichtenberg. Deßhalb aber nicht weniger schmerzhaft für mich! O! Fräulein, Sie kennen den Tausch nicht, den ich machen muß! wäre der Verlust dabey nur zeitlich; aber er ist ewig. Oder glauben Sie, daß

es eine Möglichkeit ist, mit den Gedanken
vertraut zu werden, Sie verlohren zu haben? Fräulein, wer Ihnen war, was ich
mir schmeichelte, noch gestern, mit Beweise
überreden konnte, zu seyn, und kann das,
der verdient in ein noch tieferes Elend heräb
gestürzt zu werden, als ich!

Lotte. Lichtenberg! ängstigen Sie mein
Herz nicht noch mehr mit Vorwürffen, ich
erliege sonst dem Gewicht! ich fühle, was
Ihnen mein Geständniß seyn muß. Ihr
edles Herz läßt es den meinigen simpatetisch
fühlen! Wie gerne hätte ich Ihnen allen den
Kummer erspart; aber die Furcht, den Mann
zu verlieren, den meine Seele um sein Selbstwillen liebt, machte mich aller Ueberlegung
vergessend. Und nun Lichtenberg; wenn Ihnen meine Ruhe lieb ist, wenn Angst von
Freude sich in meine Tage sondern soll, so
vollenden Sie das Werk Ihrer Großmuth,
und verschonen mich ferner! — —

Lichtenberg. Ich verstehe Sie! Sie haben recht. Opfer der Götter, verlieren Ihren Werth; wenn die Götter den Weyrauch
bezahlen sollen. (wirft sich in einen Stuhl)
Ich Unglücklicher!

Sie-

Siebenter Auftritt.

Graf Bernau. Vorigen.

Bernau. (ohne Lichtenbergen zu sehen, mit edlen Stolz) Fräulein, ich halte mein Versprechen. Wer mich auch darzu aufforderte! ich kann aufhören zu leben, aber nicht Sie zu lieben! entscheiden Sie mein Schicksal! — Zuvor aber hören Sie mich, so, wie mich Gott hört! ich entsage jedes Glück, das nicht aus Ihren Händen kömmt! der, in dessen Gegenwart ich diesen Schwur thue, sey mein Zeuge, daß das äußerste Elend mir willkommener seyn soll, als Glanz und Hoheit ohne Sie! diese Wahrheit, die ich Ihnen thättig beweisen werde, war ich Ihnen, und meiner Liebe noch schuldig! und Dank sey dem, der mich zu diesen Geständnisse, durch seine Aufforderung Gelegenheit schafte. Nun hab' ich; außer eine Bitte; ausgeredet. Verzeihen Sie mein Betragen, wenn es Sie beleidigt! Ich habe keine andere Entschuldigung als meine Liebe, die Sie von sich stossen.

Lotte. (wehmüthig) Bernau! — Deine Liebe verstossen? — — nie! — nie that ich das!

Ber-

Bernau. (voller Enthusiasmus vor Lotten niederkniend) Sprachst du das? — waren das die Lippen, die mir es in jenen seligen, unbefangenen Tagen, zitternd, gestanden, daß du mich liebtest?

Lotte. O! Bernau! Lichtenberg!

Bernau. (fährt wild auf) Entsetzen! — welcher Name? (sieht Lichtenberg mit äuserster Wuth) Ha! so ist sie wahr, die schwarze fürchterliche Ahndung! Du hier? — ha treuloser Verräther! bist Du da meiner zu spotten? über meinen Jammer zu triumphiren? — und Du Weib, mit der Engel Miene! mit dem Auge erkünstelter Unschuld, das mich tödtet! gieb mir mein Herz wieder! Mein Herz, das Du mir entrissest! hinwerfen will ichs zu den Füssen des Verräthers, daß er sich mit Rache sättige, daß Ihr beyde frolockt, über das Elend, des betrogenen Thoren der ich bin! (wild umher).

Lichtenberg. Gott! Gott! das übersteigt meine Kräfte.

Lotte. Bernau! fassen Sie sich! Sie sind außer sich!

Bernau. (durchgängig mit äußersten Affekt so, daß sein heftiger Schmerz seine Worte unterbricht) Bin ich das? — Ich fühle selbst so etwas! aber so viel Besinnungsgeist habe ich noch; um Dich zu erin-

F 4   nern,

nern, wie Du mir vor den Angesicht des
Himmels gelobtest mein zu seyn! daß uns
keine Ewigkeit trennen sollte! — wo wir
fühlten, ganz für einander geschaffen zu seyn!
wie mich bey deinen ersten Anblick das Ge-
fühl durchdrang, das ist Sie Bernau! das
ist Sie, die Dich über dich selbst erheben
wird! und nun! — da lieg' ich zu den Füß-
sen des Verräters, der uns trennte! rufe
den Tod um Hilfe, will vergehen, und kann
nicht! — — und Du stehst fühllos, bey meinen Jammer? — — O Lotte! Lotte! —
(wüthet)

Lotte. (tritt zu ihm) Bernau! hören
Sie mich! hören Sie Ihren Freund!

Bernau. Freund? — lästern Sie diese
heilige Bande nicht, der Satan, möchte sich
freuen!

Lotte. (will ihm bey der Hand nehmen)
So hören Sie mich!

Bernau. Willst Du mich noch einmal
täuschen? — noch tiefer hinabstürzen?
(stößt sie gewaltsam von sich, so, daß Sie
an einen Stuhl zur Erde sinkt) fort von
mir, treulose!

Lotte. O! Gott! — —

Bernau. (mit schneller Reue) was that
ich? — Lotte! erbarmen!

Lich=

Lichtenberg. (springt zu, will voll Zorn Bernau fortreiſſen, und Lotten beyſtehen.) Ha! Elender das geht zu weit! (er bemüht ſich Lotten aufzurichten.)

Bernau. (wirft ſich auf der anderen Seite Lotten zu Füſſen, und ergreift ihre linke Hand, mit Heftigkeit) Lotte! Mit: leid! Erbarmen! hier will ich liegen, bis Dein Mund mir verziehen hat.

Lotte. (welche der Graf kraftloß in ſei: nen Armen hält.) Er — ſoll ſich! — ent: fernen!

Lichtenberg. (will Bernau ſeine Hand vom Lotte ihre trennen) Laß ab! ſchone ihrer!

Bernau. (ſpringt voller Wuth auf, in dem er Lichtenbergs Hand knirſchend feſt hält.) Iſt das Deine Hand? fort von mir verfluchter! (indem er Lichtenbergs Hand von ſich ſchleudert) Tod und Verderben ruhet darauf! — Lotte! nur noch einmal ſchlag' Deine Augen auf, ſprich Verzeihung, und ich will Gott vergelt diers ſagen, — Nicht? — ha! wie mir das durch die Ner: ven bebt! Fluch! ewigen Fluch der belei: digten Liebe! — und Du! — ſieh', dieſe Lip: pen beben! — aber noch können Sie das Wort todt ſtammeln! ſieh dieſe zitternde Hände; noch ſind ſie ſtark genug zum Wür=

F 5　　　　gen!

gen! Dich! — Dich, Du Räuber meines
Mädchens zu würgen! (wüthend ab)

Lichtenberg. O! Gott! welche unglückliche Lage! Fräulein! Fräulein! erholen
Sie sich! er ist fort!

Lotte. (die zu sich kömmt.) Ist er? —
ber — Unglückliche?

Lichtenberg. Ja wohl unglücklich, durch
seine Verblendung die ihn sein brausendes
Temperament schafr.

Lotte. O! — Gott! hörte ich recht?
er schrie von Mord, von Würgen?

Lichtenberg. Ja. Aber Worte in der
Wuth der Leidenschaft gesprochen, sind zu
keinen Verbrechen anzurechnen.

Lotte. Edler Mann! Sie führen ihm
noch das Wort? wie tief sind Sie in mein
Herz gedrungen.

Lichtenberg. Eben weil ich das kenne,
und mein Herz nicht Herr über meine Vernunft werden soll! muß ich da nicht? aber
mehr verlangen Sie nicht von mir!
und so — — vergessen Sie Lichtenbergen
nicht! — Ihren Freund, der Ihnen mehr
als Freund seyn wollte, und nicht durfte.

Lotte. Sie wollen mich verlassen? in dieser Noth allein lassen? O! Lichtenberg!

Lichtenberg. Auf immer! und das zu
Ihren Besten! um mein Opfer ganz zu vol-
len-

lenden! meine Ruhe, und Bernaus Wie=
derkehr zu Ihnen heischt meine Entfernung
auf immer.

Lotte. Nein bleiben Sie! Bernau wird
ohnedem wiederkehren, wenn Ueberzeigung
ihm seinen Wahn benommen, und das kön=
nen nur Sie! und zwar gegenwärtig!

Lichtenberg. Glauben Sie das nicht Fräu=
lein! Bernaus wilder Karakter, mag sich
mit der samften Liebe seiner Lotte vertragen
lernen, aber er sichert mich für nichts. Das
Gift der Eifersucht ist einmal in sein Herz
gedrungen! — Sie können seine Wirkung nur
auf eine kurze Zeit unschädlich machen, nie
aber ganz vertilgen! und daher bin ich so
wenig sicher, als Sie.

Lotte. (voller Erstaunen) Graf! — —

Lichtenberg. Ja Fräulein! ich fühl es
von neuen, in welchen Abgrund Sie mich
gestoffen. Durch Bernaus Undank fühl ichs,
daß es kein Verbrechen war, Sie zu lieben.
Halten Sie es dafür? — — wohl! ich will
seinen Gewicht erliegen!

Lotte. Wie Graf! sprach das der Freund?

Lichtenberg. Der Freund Madame! —
aber nicht der Verblendete, sondern der ruhi=
ge, überlegende Freund, der Nachsicht ge=
gen Fehler hat, aber nicht mehr, als er
haben sollte.

Lot=

Lotte. Ha! Bernau, daß du recht haſt!
Wenn das Freundſchaft iſt, ſo iſts für die
Liebe ein viel zu kalter Affekt! — Gehen
Sie, Sie haben mein Vertrauen verlohren!
hüten Sie ſich! daß Sie nicht auch meine Ach-
tung verlieren.

Lichtenberg. Beydes beſaß ich zu
meinen Stolz, in den Beſitz Ihres
Herzens! und dies (ſchmerzhaft, indem er
Ihr die Hand küßt) nicht wahr! — — ich
habe es verlohren? Ihrer würdigen Frau
Mutter, werde ich mich beurlauben, vor
meiner Abreiſe! ſeyn Sie glücklich. Schen-
ken Sie meine Thränen, über meine unglückliche Liebe, welche das Loos meiner Tage ſeyn werden! dann und wann Ihr Mitleiden! Ihr Andenken wird der ewige Be-
gleiter meines Lebens ſeyn! — Leben Sie
wohl; und! — — bedauren Sie mich! —
(ab)

Achter Auftritt.

Lotte. (allein) Auch ich bin zu bedauern,
daß ich mit ein allzuempfindlich Herz für die
Liebe vom Schöpfer begabt wurde! O! meine Mutter, zu Dir, zu Dir! in Deinen Armen iſt Troſt, für mein zerriſſenes Herz! —

aber

aber fordert meine Ruhe, nicht die Ihrige? bin ich das werth? die beste gütigste Mutter, unaufhörlich zu beunruhigen? — — Nein! ich will Ihr den Kummer des ganzen Vorfalls ersparen! will einsam mein Leiden für mich ausweinen! O! gütiger Vater! laß das Ende desselben bald seyn! laß die Thräne des Leidens versiegen; so, oder so! Du unterstüzt ja die Unschuld, wirst sie auch zu beschützen wissen. (ab)

Neunter Auftritt.

Zimmer in Bofféehause.

Bernau allein. (sitzt an einen Tisch, mit zerstreuten Haaren höchst unordentlichen Anzug, ohne Hut, und ein Couto an der Seite. Fährt mit Verzweiflung auf.) Umsonst! umsonst! entrissen bist Du mir? — entrissen auf ewig! aber ich will Dich finden Verräther! will nicht rasten, bis meine Rache, in deinen Blute gekühlt ist. Frolocke nicht des Elends, in das Du mich gestürzt hast! — frolocke nicht! — sieh', bis ans Ende der Welt, soll meine Wuth dich verfolgen, und wenn meine Kräfte ersterben, will ich mit deinen Namen, das schlafende Feuer in meinen Busen wecken, bis Du mit

dei

deinen hinſtrömenden Blut, alle meine ver-
weinte Tränen haſt abgetrocknet! — O!
Bernau! — wer warſt Du? wer biſt Du?
wie mir ein Schauder durch alle Nerven
fährt! bin ich ein Verbrecher, daß mich das
leiſeſte Rauſchen, ſo fürchtend macht? daß
meine Tritte unter mir ſchwanken? — —

Zehnter Auftritt.

Bernau. Ein Bothe welchen der Aufwärter in das Zimmer führt.

Aufwärter. Hier iſt der Herr; den er
ſucht! (ab)

Bernau. Wer ſucht mich?

Bothe. Um Verzeihung! ſind Sie der
gnädige Graf von Bernau?

Bernau. Weiß ich ſelbſt, wer ich bin!
was wollt Ihr?

Bothe. Wenn ſie der Herr Graf ſind,
ſo habe ich hier einen Brif abzugeben.

Bernau. (nimmt den Brif und ließt)
„ Ein Freund von Sie theilt Ihnen die
„ Nachricht mit, daß der Graf Lichtenberg,
„ das Fräulein von Wallſtät, eben jezt von
„ Ihren Spaziergang, gewaltſam, in ſeinen
„ Wagen entführt hat, und ſich auf das
„ Gar-

„ Gartenhaus, des Herrn von Sommers;
„ hinter das Dannenwäldchen, vor dem ro-
„ then Thor, geflüchtet; wo Sie ihn noch
„ finden, wenn sie nicht säumen! seyn Sie
„ thättig, den Räuber zu strafen! " (indem er wie versteinert da steht; mit dem
Ausdruck des bitterſten Schmerzens!)
Bravo Lichtenberg! — bravo! Du kömmſt
meinen Wünschen über halben Wegs entgegen! (heftig zum Bedienten) von wem iſt
der Brif?

Bothe. Das iſt mir verboten!

Bernau. warum verboten? sprich, wer
gab dir ihn?

Bothe. Wer mir ihn gab? das iſt mir
nicht verboten. Der Herr von Nord gab
mir ihn!

Bernau. Herr von Nord? ich danke
Freund!

Bothe. Er sagte, Sie würden mir meinen Gang schon bezahlen!

Bernau. O! überflüßig! — (giebt ihm
Börse und Uhre) da hier! hier nehmt hin!
und meinen beſten Dank noch oben drein!

Bothe. (indem er abgeht, auf das Geld
und Uhre deutend) bin mit dem schon zu-
frieden!

Bernau. (außer) Nun Schicksal, for-
dere ich alle Deine Donner auf! jezt Natur,

tur, fache alle glühende Rache in meinen Bu=
fen! Tod bahne mir den Weg! und Ver=
derben fey der Ruhepunkt, wo ich ihn greif=
fe, daß ich fein Herz, fein verrätherifches
Herz zerfchmettere, wie er das meinige zer=
fchmettert hat. (wüthend ab).

Eilfter Auftritt.

Voriges Zimmer in Frau v. Wallftät Haufe.

Fr. v. Wallftät. (kömmt ängftlich herein,
hält Anton bey der Hand) Es ift nicht, es
kann nicht feyn! fo weit kann er die Verftel=
lung nicht treiben! fah't ihr auch recht, daß
es der Graf war?

Anton. Ich wollte wohl darauf fchwö=
ren Gnädige Frau! Sie waren zwar ver=
kleidet, aber — —

Fr. v. Wallftät. Unbefonner, das ihr
Sie von der Seite ließt!

Anton. Das gnädige Fräulein befahl mir,
beym Fortgehen, ihr in der Ferne zu fol=
gen. Sie war kaum 50. Schritte von mir,
da kommen die Fremden an. Sie fprachen
eine kleine weile mit einander, wo ich in der
Entfernung blieb; mit einmal hörte ich Ih=
re Stimme nach mir rufen; aber in weniger
als

als einen Augenblick, war der Wagen mir
aus dem Gesicht.

Fr. v. Wallstät. O! Gott! was fang'
ich an? Ich Unglückliche Mutter! wo mag
Graf Bernau seyn? — vielleicht das er'!
— — geh! lauf! ruf alle Leute zusammen!
sie sollen sich zum nachreiten fertig machen!

Anton. Gleich gnädige Frau! (ab).

Zwölfter Auftritt.

Graf Lichtenberg, in Stiefeln, und Ueber-
rock. Frau von Wallstät.

Fr. v. Wallstät. (den Grafen aufgebracht entgegen). Ha! Graf! gut das Sie
kommen! — wo ist meine Tochter? um
Gottes willen, wo ist mein Kind?

Lichtenberg. (erschrickt) Ihre Tochter
gnädige Frau?

Fr. v. Wallstät. Verstellung kömmt zu
spät Graf: man hat Sie mit Ihr gesehen.
Ich weis alles! O! Graf! Graf! ich hätte,
Sie von einer bessern Seite zu kennen ge-
glaubt!

Lichtenberg. Gnädige Frau, aus was
für einen Ton reden Sie mit mir?

G   Fr.

Fr. v. Wallstät. Aus dem Ton, der beleidigten mütterlichen Liebe! wo ist mein Kind? wo haben Sie sie hingeführt?

Lichtenberg. Halten Sie ein gnädige Frau! ich bitte Sie! ich bin nur ein Mensch! so gut fühlbar wie jeder anderer für Beleidigungen. Ihre Tochter hab' ich vor kurzen hier zu letzt verlassen, und gewiß auch zu letzt gesehen. Die Ursache, warum ich komme, ist eine andere. Ich will mich beurlauben, will fort, in die Welt hinein. Hier würde ich nur die Ruhe ihres Hauses vergiften, und meine eigene Marter nähren.

Fr. v. Wallstät. Graf, können Sie die Thränen einer Mutter, um ihr Kind, ohne Rührung sehen? martern Sie mich nicht länger, durch ihre Verstellung geben Sie mir mein Kind wieder!

Lichtenberg. Bey Gott gnädige Frau, ich weiß Ihre Worte, und ihr Betragen nicht zu deuten. Erklären Sie sich mit Gelassenheit! — was fordern Sie von mir?

Fr. v. Wallstät. Erklären? — was Sie längst gewußt? Nun da! hören Sie es! fühlen Sie es! — Man hat mir meine Tochter geraubt! Sie in Dannenwäldchen aufgelauert, und gewaltsamerweise in einen Wagen davon geführt! — — und
(bitter)

(bitter) Sie rechtschaffener Mann sollen der Räuber seyn!

Lichtenberg. (erstaunt) Gerechter Gott!

Fr. v. Wallstät. Nun! — ist das Ihre ganze Vertheidigung? oder setzt Sie meine Erzählung so außer sich selbst?

Lichtenberg. Allerdings gnädige Frau! aber aus eine ganz andere Ursach, als Sie zu glauben scheinen. Ich der Räuber Ihrer Tochter? nein gnädige Frau, mit Gewalt zu nehmen, was man mir um mein Selbstwillen nicht gewährte, beleidigte von jeher meinen Stolz! schien mir Niederträchtigkeit. Ihre Tochter kann keine Liebe für mich empfinden, und nur diese wünschte ich zu erhalten. Da diese Hoffnung verlohren ist, so ist keine Charlotte mehr für mich!

Fr. v. Wallstät. (bedeutend, indem Sie ihm bey der Hand nimmt) Lichtenberg, sehen Sie mich an!

Lichtenberg. Das kann ich! selbst denen, die mich verkennen!

Fr. v. Wallstät. O! daß ich Ihnen glauben könnte!

Lichtenberg. Ich bitte Sie kein Wort mehr. Ich komme noch um meinen Verstand! meine Thättigkeit, mein Feuer, alles

ist

ist dahin! und Ihre Nachricht schlägt mich vollends zu Boden.

Fr. v. Wallstät. Hab' ich Sie unrecht gethan, edler Mann? ja, ich seh's das ist nicht die Miene des Bösewichts! O! verzeihen Sie die Ausbrüche des Schmerzens einer Mutter, über den Verlust Ihres Kindes! seyn Sie nicht unempfindlich, Sie ihren Jammer zu überlassen.

Lichtenberg. Nein gnädige Frau, das nicht. Ich empfinde mehr, als ich wünsche. Ich kann Sie in den Wahn nicht lassen, als sey ich der Räuber Ihrer Tochter. Ich falle auf eine sonderbare Vermuthung!

Dreyzehnter Auftritt.

Anton mit einen Brief. Vorigen.

Anton. Ein Unbekanter suchte dem Herrn Grafen um diesen Brief abzugeben. (giebt den Brief, und wieder ab).

Lichtenberg. (ließt für sich) Gott sey dank, das ich meinen Weg weiß! Leben Sie wohl! (will ab).

Fr. v. Wallstät. Was ist? was giebts?

Lich-

Lichtenberg. Sommers ist der Räuber Ihrer Tochter! ich eile! verhüten Sie nur, das Bernau nichts erfährt.

Fr. v. Wallstät. Gütiger Gott! und was wollen Sie thun?

Lichtenberg. Alles anwenden, Ihnen Ihre Tochter wieder zu geben. Geben Sie mir nur einige von Ihren Leuten mit.

Fr. v. Wallstät. So gleich! gehen Sie vortreflicher Mann! Gott, und meine Wünsche begleiten Sie! seyn Sie Glücklich! schaffen Sie mir mein Kind wieder, und verdienen sich den Seegen einer gebeugten Mutter! (beyde ab).

Ende des vierten Aufzugs.

———

Fünf=

Fünfter Aufzug.

Erster Auftritt.

Zimmer in Sommers Gartenhause mit zwey Seitenkabinete, in der Mitte ein offener Ausgang im Garten.

Herr von Sommers in Reisekleidern.
Fräulein Lotte.

Sommers. (führt Lotten zur Mittel= thüre herein, welche sich sträubt ihm zu fol= gen.) Können Sie unerbitlich seyn, mein Fräulein?

Lotte. Sie weichen umsonst aus! beant= worten Sie meine Frage! was ist die Ursach, warum Sie mich hierher geführt haben? wo= zu diese Zurüstungen? dies geheimnißvolle Betragen?

Sommers. Lotte, sehen Sie mich zu Ihren Füssen! — entschuldigen Sie einen Schritt, zu dem mich eine unüberwindliche Leidenschaft verleitete.

Lot=

Lotte. Was ist das? — so bin ich verrathen, hintergangen! wohl gar entführt?
ich? das Eigenthum eines anderen!

Sommers. Sprechen Sie das schröckliche
Wort nicht aus! — eines anderen? nein
Fräulein, das ist nicht! kann nicht seyn!
und wenn er ein Fürst wäre, das schwöre
ich Ihnen, so solls nicht seyn!

Lotte. Soll nicht seyn?

Sommers. Nein Fräulein! lieber ster-
ben, als das zugeben! wissen Sie, Sie sind
in meiner Gewalt; und ich will diesen Schritt
nicht umsonst gethan haben.

Lotte. Ha! Elender! — — doch ich ver-
gesse, daß sie meines Zornes unwerth sind! —

Sommers. Fräulein, nicht so veracht-
lich! ich trage das nicht! um Ihrerselbstwil-
len, um meinentwillen, keinen solchen Blick,
keine solche Reden weiter! ich kann, ich will
sie nicht länger dulden. Ich habe lange genug getändelt; und geseufzet: es ist Zeit,
daß ich meine Sprache ändere! Sie sollen,
Sie müssen die Meinige werden!

Lotte. Unsinniger Thor! wie; Sie un-
terstehen sich? — —

Sommers. Toben Sie nur! der Zorn,
erhöht Ihre Reize meine Göttin! — —
Ein Romanenritter wäre ich, sagte Sie noch
vor kurzen? wirklich? bin ich das? nun

G 4
ich

ich wills ganz seyn, so lange seyn, bis der Romann zu Ende geht, und Lotte die Meinige ist!

Lotte. (verächtlich) Gut mein Herr. Ich danke Ihnen, daß Sie sich mir zeigen, wie Sie sind. Und nun werde ich Sie bitten, um einen von Ihren Bedienten, mich zu begleiten. Es wird spät!

Sommers. Sehr feyerlich! sehr patetisch! gut, ich kann auch aus den Ton reden. Sie verschmähen also meine Liebe?

Lotte. Und verachte Sie, wie Sie es verdienen, von ganzen Herzen.

Sommers. (aufgebracht.) Stolzes, unsinniges Mädchen! — ich mächte dich hassen, und du zwingst mich, dich zu verehren!

Lotte. Setzen Sie sich nicht in Unkosten, sie möchten Ihnen nicht gut gethan werden!

Sommers. Stimmen Sie Ihren Ton herab, Madame, er kleidet Sie nicht! — wissen Sie, Sie sind in meine Gewalt kommen nicht fort. Alle Ausgänge sind versperrt. Ihre Freunde werden Sie hier nicht suchen; und daher bitte ich, mir in der Folge die Sorge Ihres Aufenthalts zu überlassen.

Lotte. Wie? was? ha! Bösewicht! — Aber gut, ich will bleiben! Ich habe andere Mittel, als Flucht, Dein Wühlen, euer schwar-

zes

zes Komplot zu vernichten — — Sieh mich
an! das Weib ist stärker, als Du denkst!
Deine ohnmächtigen Drohungen, können nur
niedere Seelen schrecken! mich hält keine Gewalt! — — Geschweige dir Deine.

Sommers. Fräulein, lassen Sie uns,
das bekannte Duet singen, (spöttisch) Nach
dem Regen scheint die Sonne! nach dem
Sturm, ein heiterer Blick!

Lotte. Hüten Sie sich, daß dieser Blick
nicht Ihre Augen ausleuchte, und Ihr bos-
haftes Herz in finstern tappe!

Sommers. Bravo! Ich der Romanen-
Ritter, und Sie meine Heldin!

Lotte. Daß ich Ihnen antwortete! —

(Ein Bedienter kömmt, und sagt Sommers mit Bestürzung etwas heimlich ins
Ohr.)

Sommers. (erschrocken) Ich komme
gleich! (Bedienter ab.)

(in ängstlicher Verlegenheit mit den ver-
stellten Ton, der aufrichtigen Reue) Fräulein! — — Verzeihen Sie! — — Ich
fühle die Gründe Ihrer Vorwürfe! — —
Und schäme mich dessen! — Wie gerne wollte
ich das Geschehene ungeschehen machen! da
ich das aber leider nicht kann; so vereiteln
Sie mir die Mittel nicht, alles das zum
Theil dadurch vergessend zu machen, Sie
ohne

ohne Aufſehen wieder nach Hauſe zu begleiten. Iſt Ihnen hieran gelegen, ſo gewäh-
ren Sie mir eine Bitte; und entfernen ſich
auf einige Augenblicke! ein Freund von mir
iſt da, mich in einer dringender Angelegen-
heit zu ſprechen, und ich wünſchte um meiner guten Abſicht willen nicht, daß ſie von
ihm geſehen würden. Hier, dies Kabinet,
iſt zu ihren Befehl. Sie werden da Bücher, und andere Unterhaltung, Ihren Ge-
ſchmack gemäß finden.

Lotte. Mit den Ton! — — Ja mein
Herr! — — freylich haben Sie kein Recht,
mir meinen Aufenthalt zu beſtimmen! —
aber wie geſagt, mit den Ton, und aus dem
Gründen! — die ich für wahr nehme! ſonſt! —
hüten Sie ſich! meine Rächer leben.

Sommers. Hier haben Sie zu mehrer
Sicherheit, den Schlüſſel des Kabinets; daß
nur Sie allein daſſelbe öfnen können, wenn
Sie wollen. (er führt Lotten in das Kabinet, Lotte ſchließt hinter ſich zu.)

Sommers. Die ſchließt ſich in ihren eigenen Köfigt ein! (will zur Mittelthür heraus, indem ihm von Nord entgegen
tritt.)

Zwey-

Zweyter Auftritt.

Herr von Nord. Herr von Sommers.

Nord. Nun was Teufel, was zauderſt Du noch lange? willſt Ihm wohl recht gemächlich hier willkommen heißen?

Sommers. Rede leiſe! Ich habe ſie mit Liſt hier in dies Kabinet zu gehen beredet; ich bin in tauſend Aengſten! ſage nur geſchwind, wies ſteht? —

Nord. Schlim genug! — Gut, daß du noch dieſe Zuflucht haſt! er durchſtreicht wie wüthend alle Zimmer des Vorderhauſes!

Sommers. Ich möchte mir das Gehirn einſchlagen! wer ihm nur unſeren Plan muß verrathen haben?

Nord. (für ſich) Das war mein Werk! zur Genugthuung aller eurer, und der weiblichen Beleidigungen!

Sommers. Tod und Hölle! alles ſo klug veranſtaltet, und nun einen ſo verfluchten Quärſtreich!

Nord. Hab ich Dir es nicht geſagt, wer alles zu klug ordnen will, macht am Ende alles verkehrt.

Sommers. O! ich bitte Dich, ſchweig! jezt iſt keine Zeit zu ſchwatzen, jezt müſſen wir handeln!

Nord.

Nord. Die Reihe zu handeln, möchte jezt an anderen kommen!

Sommers. Darum, müssen wir alles vorzubeugen suchen! geh' eile, wo möglich halt Ihn von hier zurück. Ruf' alle meine Bedienten zu Hülfe! den Wagen hast du doch besorgt? halt ihn bereit! meine Kerls sollen aufpassen, auf den ersten Wink herben zu eilen! hörst Du? (geht an der Thüre des Kabinets und horcht.)

Nord. Nun soll ich wieder gut machen, was deine Klugheit verdarb; (für sich) daß ich kein Narr wäre, und meine eigene Rache, an alle die Kerls, und Weiber vergäße! alles geht nach Wunsch! wenn nur Bernau nicht ausbleibt, damit die Hetze hier zusammen kömmt. Hier haben Sie weites Feld, sich auszujagen.

Sommers. (kömmt von der Thüre zurück, mit ängstlicher Eile.) So eile doch Nord! die Gefahr wächst ja, indem wir davon sprechen! eile, eher Sie Unrath merkt.

Nord. Wo ist Sie denn eigentlich, Deine Prinzeß?

Sommers. Hier in das Kabinet!

Nord. Und allein?

Sommers. Nun, ich denke, das Sie uns nicht entwischen soll.

Nord.

Nord. Entwischen? wenn das, daß schlimste wäre, was Du zu befürchten hast! gehen nicht die Fenster im Garten heraus? meinst Du nicht, wenn er im Vorderhause alles durchsucht hat, er werde nicht auf den Einfall gerahten, Sie auch hier zu suchen?

Sommers. Verflucht, das Du recht hast! halt ihn ab!

Lotte. (ruft im Kabinet nach dem Garten) Lichtenberg; hier! hier Graf! (Nord und Sommers erschrecken).

Nord. Da hörst Du's! meine Besorgniß ist erfült.

Sommers. Hölle und Tobt, ich bin verlohren! —

Nord. Nun wird wohl das lustige der Komedie kommen, wo von Du sagtest, nicht wahr.

Lotte. (von innen) Hier Lichtenberg! hier! Links die Allee herauf! eilen Sie!

Lichtenberg. (antwortet in der Ferne) Ich komme! ich komme!

Nord. Hörst Du ihm?

Sommers. Alle wetter, was fangen wir an?

Nord. Setz Dich in bestelten Wagen, und fahr' Spazieren, ich will deine Donna von Dir grüssen, und für meine Person, den Sturm schon abpariren.

Som-

Sommers. (aufgebracht gegen Nord)
Spott? von Dir auch noch Spott? —
woll! — ich bleibe! ich will Gewalt, Gewalt entgegen setzen.

Dritter Auftritt.

Graf Lichtenberg. Vorigen.

Lichtenberg. (halb in der Thüre zu den
Bedienten, mit gezogenen Degen) laßt
mich! — der erste der sich mir nahet, hat
den Tod von meiner Hand!

Sommers. (ihm entgegen) Was wollen Sie Graf? was suchen Sie hier?

Lichtenberg. Zurück Elender! — halt
mich nicht auf! wo habt ihr Sie?

Sommers. Wem?

Lichtenberg. An Dir ist zu antworten,
nicht an mir!

Sommers. Welch Betragen mein Herr?
wer giebt Ihnen ein Recht, sich hier auf-
zudringen? sich solche Freyheiten, in ein Haus
zu nehmen, was nicht Ihr Eigenthum ist?
noch einmal, was suchen Sie!

Lichtenberg. Eine gestohlne Unschuld,
die ich finden werde, ohne euren zu thun!
(ruft

(ruft laut) Antworten Sie Fräulein! Lichtenberg ist hier, Sie in seinen Schutz zu nehmen!

Lotte. (stürzt aus dem Kabinet, in Lichtenbergs Arme.) Ah! Lichtenberg! wohl, daß Sie da sind.

Sommers. (will Lotten abhalten) Fräulein!

Lotte. Weg, Verführer! — O! Lichtenberg! Gott sey Dank, daß Sie da sind!

Lichtenberg. Ja Fräulein, ich komme Sie zu retten, und zu rächen! Faßen Sie sich; Sie sind in meinen Schutz! und wehe dem, der es wagt, Sie weiter zu beunruhigen!

Sommers. Graf, Sie gehen sehr unumschrenkt zu Werke! Wissen Sie, daß Sie in meinen Hause sind!

Lichtenberg. Ihr Haus, oder das meinige, gleich viel, wenn es auf die Rettung der Unschuld ankömmt! kommen Sie Fräulein, ich darf keine Zeit verlieren! Ihre Kräfte sind erschöpft; seyn Sie ruhig, und gelaßen, Sie sollen bald wieder in die Arme Ihrer Mutter seyn.

Sommers. Sie fangen an Gewalt zu brauchen Herr Graf! — aber, ich bitte inne zu halten, sonst möchte ich aufhören, den Zuschauer zu machen.

Lich=

Lichtenberg. Wenn auch Bosheit, nicht
Feigheit zum Gefährten hätte, so würde ich
doch handeln, wie es meine Ehre fordert!
verstehn Sie mich? Und nun kommen Sie
Fräulein, im Vorderhause, sind meine Leute,
welche Sie mit ihren Leben, gegen alle Gewalt schützen sollen; bis ich ihre Frau Mutter, treffe, welche schon unterwegens ist,
um sie mit mir, Ihre Entführer zu entreissen. (zu Sommers) Wie mein Herr, sprechen uns schon. Bis dahin brandmarke ich
Sie, mit den Namen eines schlechten Menschen.

Sommers. Graf! Sie sind aufgebracht! — — hören Sie keine vernünftige
Vorstellungen? wozu die Weitschweiffe? sie
sind ohnnöthig! das Fräulein ist frey von
diesen Augenblick an! was ich gethan habe,
geschahe aus Uibereilung, aus Leidenschaft.
Ich hoffe nicht! — —

Lichtenberg. Schon gut mein Herr! wir
verstehen Ihre Sprache! — Sie sind zu
freyherzig, um ganz ein Bösewicht zu seyn!
Die Gründe Ihres Verfahrens zu untersu-
chen, wäre Thorheit! leben Sie wohl! —

Sommers. Bestes Fräulein! Sie sehen,
ich erkenne mein Unrecht! — — mein un-
verzeihliches Unrecht.

Lot-

Lotte. Gehen Sie mein Herr! gehen Sie! kein Wort weiter, wer einmal meine Verachtung auf sich gezogen hat, darf sich nie wieder meine Freundschaft getrösten. Ihr Betragen ist niederträchtig, unwürdig! Sie sind mein ganzer Abscheu geworden. O! daß Ihnen dieser Blick alles sagen könnte, was mein Mund Ihnen zu sagen verschmäht. Wie sehr ich Dich hasse, Nichtswürdiger! (mit Lichtenbergen ab).

Sommers. (nachruffend) Fräulein! Sie wollen mein Verderben! — Nur ein Wort! eine Bitte! — (wild) Umsonst! Nun so ende Dein Leben, Sohn des Unglücks! das Glück, nach dem Du dich sehntest, ist dahin! — — (zu Nord, welcher die Zeit her für sich gestanden ist, und gelächelt hat.) Du stehst, und freuest dich meines Unglücks?

Nord. Das nicht. Die Komedie, wird ja nun erst recht lustig werden.

Sommers. Fluch Dir, und Deiner Hälfe! fluch mir! fluch der Welt, und meinem Schicksal, das mich den heutigen Tag erleben ließ!

Nord. Nun kann ich ja wohl schreiben: Ende des Romans! wo willst Du denn hin?

Sommers. Ueber die Grenze und das gleich, um die Schande zu entgehen, die meiner hier wartet! (wild ab).

H   Nord

Nord. (lächelnd) Ihr Puppen, die ihr
euch eure weiche Köpfe an den festen Plan
eines Mannes zerstoßt! ich will nach der
Stadt vielleicht, daß unterwegens noch
etwas zu thun vorkömmt.

Vierter Auftritt.

Lustwäldchen vor den Gartenhause, des
Herrn von Sommers.

(Graf Bernau in verzweiflender Schwermuth) Schon senkt sich die Sonne hinter
dem Wald hinunter; und weicht der kommenden Finsterniß, der Nacht. In blutigen Gewande erscheint mir die Silberfarbe
des Mondes, und in Trauer, alle Gestirne!
des Mondes lieblicher Schein mahlt mir Todesgestalten, und Gräber auf Blumengefilde. Gesenkt, in fürchterlich stiller Verzweiflung irr' ich! und fliehe die Ruhe! will sie
fliehen, will zittern und beben, vor jeden
sanften Getöne, der sänfteren Natur; bis
dein hinströmendes Blut, Ruhe meinen Geist
schaft! — — (fantasirend) Ha! — wandelnde Schatten gehen mir vorüber in scheußlichen Gestalten, und zeigen mir die Braut,
und den Bräutigam, mit spöttischen Geberden!

ben! Heil euch! heil euch! — braucht ihr
noch an euern Triumphwagen, einen Skla-
ven? hier steh ich! — — auch das nicht? —
Ha! wie mir die sanften Weste, zum Sturm-
winde; und die eiserne Stimme des Todes
zum lieblichen Flüstern wird! — — still! —
war das nicht ein rollender Donner, der über
mein Haupt dahin fuhr? — — so recht! —
das ist Wollust in mein Ohr! — tiefe Ge-
töse, die dumpf aus den Klüften der Hölle
herauf tönen, hohler Todtenschall! — — so
will es die That, die du vollführen sollst;
sie heißt Mord!

Fünfter Auftritt.

Ein Bedienter von Lichtenberg kömmt von
der Seite des Gartenhauses, und will
eilig über das Theater gehen. Vorige.

Bernau. Ha! eine menschliche Gestalt.
(auf den Bedienten eilend) Gehört ihr den
Grafen an?

Bediente. Ja!

Bernau. Wo ist der Graf?

Bediente. Dort in jenen Hause!

Bernau. Ich danke euch guter Mann!
sagt mir, ist noch jemand mit ihm?

Be-

Bediente. Herr von Nord, und Herr von Sommers, dem dies Haus eigentlich gehört; waren da, sind aber unsichtbar geworden. Jezt ist mein Herr, mit den Fräulein von Wallstät, und einige meiner Kameraden allein darinn.

Bernau. So? was ist denn sein Geschäft in diesem Hause?

Bediente. Ich weiß es nicht. Er befahl mir blos, Seiner und der gnädigen Frau v. Wallstät, welche kommen möchte, hier in der Nähe zu warten; und auf alle Fälle bereit seyn. So viel ich merke, geht er mit einen großen Unternehmen um!

Bernau. Weise Vorsicht! — aber du ahndest nicht, welcher Lohn, dich vor dieser Räuberhöhle erwartet! Ich danke euch Freund! geht, und besorgt euern Auftrag. (Bediente ab) Nun ihr zitternde Hände, versagt mir euern lezten Dienst nicht! jezt unglückliches Herz, verschließ dich für Freundschaft und Liebe, die edelsten Empfindungen der Menschheit werde kalt und hart, wie dieser mörderische Stahl, daß er wühle, in das Blut des Verräthers

Sech=

Sechster Auftritt.

Herr von Nord kömmt von der Seite des Gartenhauses. Vorige.

Bernau. (ihn wüthend entgegen, mit gezogenen Couto) Wer du auch bist, steh'!

Nord. Ha! Bernau! Sie hier? wem suchen Sie?

Bernau. Einen Räuber, der mir mein einziges Kleinod gestohlen hat!

Nord. Ha! ich versteh' Sie! aber was wollen Sie jezt noch mit ihm?

Bernau. Ihm das Geleite geben, bis zur untersten Pforte! er ist doch noch da?

Nord. Sommers ist gar nicht da gewesen, der ist in der Stadt. Lichtenberg, und das Fräulein sind noch da!

Bernau. Verflucht sey der Name! — er empört mein Innerstes! Gott straffe den Buben!

Nord. Es scheint zwar nur ein kleiner Liebeshandel zu seyn; aber doch empfindlich genug für dem, auf dessen Kosten er veranstaltet ist, um sich Rewange zu nehmen.

Bernau. Ein Liebeshandel? ein kleiner Liebeshandel? eine schwarze teuflische Verrätherey, wie noch keine ist gedacht worden! gehen Sie, ich bitte entfernen Sie sich! —

H 3 Se=

Sehen Sie nirgend, ober, unter, oder neben sich schwarze Wolken aufsteigen? nirgend eine Finsterniß sich verbreiten? gehen Sie!,

Nord. (mit verstellter Freundschaft) Bernau! Sie haben ein Unternehmen in Gedanken! — führen Sie es aus, wenn Sie ein Mann sind. Rächen Sie sich, und viele Betrogene Ihres gleichen! (ab).

Bernau. Das will ich! das will! gehe nur.

Siebenter Auftritt.

Graf Lichtenberg, eilig von den Gartenhause her. Graf Bernau.)

Bernau. Ha! ich ein Geräusch! — wohl mir! er ists! er ists! (voller Wuth auf Lichtenberg mit gezogenen Couto, indem er ihm ersticht) Rache! Rache! volle überflißende Rache! !

Lichtenberg. (indem er fällt) Gott! erbarme dich! — — Hülfe — — Mörder!

Bernau. (in einen schrecklichen Ton.) Nicht Mörder! — Ich bins! kennst Du mich?

Lichtenberg. Erbarmender Gott! — — Bernau — ich bin unschuldig!

Bernau. Geh mit keiner Lüge aus der Welt! dort mußt Du sie schwerrer verantworten. (Ei-

(Einige Bediente eilen aus dem Garten=
hauſe herbey. Sie erſchrecken, da ſie den
Leichnam ſehen, und ſchreyen durcheinan=
der.) Gott, was iſt das? was geht hier
vor?

Bernau. Da hier! nehmt den Mann der
Wahrheit in Obacht! beſtattet Ihm mit
allen Triumphszeichen und Lieder, ſeines herr=
lichen Sieges in ſeiner peißwürdigen Voräl=
tern Erbbegräbniß.

Lichtenberg. (ſterbend) Bernau! — —
Deine blinde Rache iſt geſätiget — — Gott
verzeih' Dir! — — ich war dein Freund! —
deine Hand! — —

Bernau. Hällſt Du mich für einen ge=
meinen Mörder, der da fürchten ſoll; der
Leichnam des erſchlagenen, blute bey Be=
rührung ſeines Mörders von neuen, um ſei=
ne That zu geſtehen? (giebt ihm die Hand.)
da fahre wohl! die Freundſchaft lebt in dei=
nen Tod wieder auf!

Lichtenberg. Weh', weh' dir — — ich
war unſchuldig! (er ſtirbt.)

Bernau. Gott ſey mit Dir, ich habe
noch mehr Wege! (ab)
(Die Bedienten beſchäftigen ſich um den
Leichnam. Der hintere Vorhang fällt.)

Ach=

Achter Auftritt.

Zimmer in Sommers vordern Garten=
haus mit ein Seitenkabinet.

(so wie verwandelt ist, stürzt Anton zur
Mittelthüre herein, auf das Kabinet zu,
worinn Lotte ist, und ruft) Fräulein! Fräu=
lein!

Lotte. (von innen) Was ist? was
giebts? ist meine Mutter da?

Anton. Nein noch nicht! Aber kommen
Sie. Um Gottes Willen retten Sie sich!
der Graf! — —

Lotte. (stürzt aus den Kabinet.) Wie?
der Graf? — wäre ihm ein Umfall begeg=
net?

Neunter Auftritt.

Graf Bernau vorige.   Bediente ab.

Bernau. (Wild ohne Hut, mit zerstreu=
ten Haaren.) Wo ist Sie? — — wo ist
Sie? ha! Lotte! Lotte! Du bist gerächt!
er ist gestraft, der Verräthter! durch diese
Hände gestraft!

Lot=

Lotte. Bernau! du hier?

Bernau. Ja ich bin hier Lotte! bin wieder bey Dir! er ist todt, der dich mir entriß! durch diese Hände gefallen. (zieht das Couto welches blutig ist) siehe hier sein Blut.

Lotte. Wer? wer?

Bernau. Laß mich seinen Namen nicht aussprechen!

Lotte. Gerechter Gott! alle meine fürchterliche Ahndungen erfüllt! Lichtenberg?

Bernau. Laß ihn! Du wirst des Verräthers Auge nie wieder sehen! sieh'! noch ist dieser Stahl mit seinem Blute gefärbt. Noch raucht er von dem Blute des Treulosen!

Lotte. Gott! was hast du gethan? fort Mörder! fort aus meinen Augen! verbirg dich vor mir! vor dem Tage! und vor Dir selbst auf ewig,

Bernau. Lotte! — sagst Du das zu mir?

Lotte. Ja! — zu Dir! zu Dir du Mörder deines besten Freundes deines Bruders! wisse, er war dein Freund, der einzige! der einzige der es seyn konnte. Er rettete mich aus den Händen meiner Entführer, die deiner Leichtgläubigkeit spotteten; wollte mich deinem Armen wieder geben, und Du lohnst ihn mit Mord! beladest deine Seele mit ewige.i Fluch! — —

Ber=

Bernau. Lotte! Lotte! fahre fort! vernichte mich durch deine Erzählung! vollende! vollende!

Lotte. Sommers, und Nord; warum muß ich die Elenden noch erwähnen! Sie waren die Urheber des Betrugs! dein Freund entriß mich ihnen, und Du! — — gütiger Gott, wie unglücklich bin ich!

Bernau. Um der tausendfache Marter, um den Qualen der Hölle, die in meinen Busen toben! — es ist nicht so! es kann nicht so seyn! und ist es! — — nun wohl! mein Arm ist noch nicht so kraftloß! — ich will hin, nieder mit Ihnen zur Hölle; wo ich sie finde! und dann — — wider mich! den verruchten, verworfenen Mörder seines Freundes!

Lotte. Ha! Rasender, bist du schon so geübt in Würgen, das Du Mord mit Mord häufen willst? Verbrechen mit Verbrechen? hast Du noch nicht genug an den Tode des Unschuldigen? fürchtest Du nicht den Allrichtenden, zu dem sein Blut wieder dich um Rache schreyt? geh und trage es wenn Du kannst, unstätt, und flüchtig auf Erden zu seyn. Ein Gräul der Menschen, und Abscheu deiner selbst! Versöhne Dich mit den zürnenden Schatten, des Unschuldig ermordeten. Laß Dein ganzes Leben ein Bußtag seyn;

seyn; vielleicht das Gott beine Seele Ruhe
giebt deinen Freund dort wieder zusehen!

Bernau. (ganz in Schwermuth verſun-
ken) Lotte! Lotte! Knie mit mir nieder!
hilf mir beten, daß Gott den Mord von
meiner Seele nehme!

Lotte. Umſonſt; Du kannſt ben Faden
des Lebens zerreiſſen, nie das zerriſſene wieder vereinigen. Geh! geh! — belaſtet mit
den Thränen einer Unglücklichen, die deine Liebe, deine Raſerey ins Verderben ſtürzte. Ver-
folgt von den Seufzern einer Mutter, deren
Ruhe Du auf immer ſtörteſt. Von den
Flüchen, von den Verwünſchungen eines Hau-
ſes, das Du mit Trauer füllſt! geh! —
ſey Glücklich, wenn Du kannſt.

Bernau. Ich danke Dir Lotte! dieſe Vorwürffe ſind Schwerter, in mein zerriſſenes
Herz. Du liebſt mich alſo nicht mehr?

Lotte. Ich bedaure Dich!,

Bernau. Willſt nicht mehr die Meinige
werden?

Lotte. Des Mörders, meines, und deines
Freundes? das auch mich ſein Geiſt ſchröcke?
wenn ich jeden Augenblick in Dir ſeinen Mörder ſehe, und dich nicht umarmen darf?

Neun-

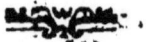

Zehnter Auftritt.

Bernau. Gut! dein Wille soll erfüllt, und deine Furcht gehoben werden! ich will nicht länger zu deinen Füßen jammern! dein Blick tödtet mich schröcklicher, als das Urtheil des Richters, wo ich mich selbst als den schuldigen angeben will, daß der Mörder vertilgt werde, von der Erde! — ha! — — wie das alles auf mich zustürmt! — Kerker und Ketten, und blinkendes Beil! — Ich will hin! — alle diese schreckliche Werkzeuge des verdienten Todes, sind mir minder gefährlich, als die Angst meines Herzens, bey der Errinnerung des Brudermords! — nicht eines Bruders nach dem Blute, aber aber doch eines Bruders, der meinen ehmaligen unschuldigen Herzen gleich geschaffen war! — — Unschuldigen Herzen? — — Ha! dürft ich den Gedanken denken, nur noch einmal den Wunsch thun, reines Herzens zu seyn! — aber so! — Furchtsam und ängstlich irrt mein verrätherischer Blick, und verkriecht sich von Winkel zu Winkel! — überall würde ich das schwarze Verbrechen, tief auf meiner Stirne gegraben umher tragen! O! Qualen der Errinnerung, ein Weib geliebt, und unglücklich gemacht zu haben,

fromm

fromm, unschuldig, rein wie ein Seraph in den Gefilde der Ewigkeit! — Ewigkeit? ha! schröckliches Wort! das in der grausenvolle Wolke brüllt, und mich Mörder in die Tiefen der Hölle zu schmettern droht! — ha! durchbebt; durchfreißt unnenbare Qualen, meine Gebeine, die die Natur zu ihrer Schande hervorbrachte! Ich, der schon hier auf Erden, die ganze zahllose Menge, der Qualen fühle, die mich mit verdoppelten Kräften, hinter der schaudervollen Gruft ergreiffen werden! in jener ewigen Nacht, die mich mit allen furchtbaren Schrecken umhüllen wird! mich! den Mörder, seines unschuldigen Freundes! — (wirft sich aus überwältigten Schmerz auf der Erde an einen Stuhl).

Lotte. Gott! zu welchen Jammer hast du mich aufbehalten! O meine Mutter! wie lange soll ich nach Ihnen seufzen? wie lange noch gequält werden?

Eilfter Auftritt.

Anton. Gleich darauf Frau von Wallstät. Vorigen.

Anton. Gnädiges Fräulein! Ihre gnädige Frau Mutter! —

Lot-

Lotte. (ihrer Mutter entgegen) Meine Mutter! Gott sey Dank!

Fr. v. Wallstät. Ha! meine Tochter! Unglückliche Tochter! habe ich dich endlich wieder? halte dich in meinen Armen?

Lotte. O! meine Mutter, ich bin unschuldig an ihr Leiden; an alles Unglück! Gott ist mein Zeuge.

Fr. v. Wallstät Ich weiß es, Du bist mein Unglückliches, aber doch mein geliebtes Kind! (Bernau erblickend) aber was seh' ich! Sie noch, hier? was soll das bedeuten! Lotte, ich will nicht haffen! denkst Du ich weiß nicht? — Er ist Lichtenbergs, des edlen Mörder!

Lotte. Zu Ihnen meine Mutter, zu Ihnen! ich bin Ihr gehorsames Kind!

Fr. v. Wallstät. Wohl meine Tochter! und ich doppelt deine zärtliche Mutter! glaube, die Liebe ist stark bey einer Mutter. Und Sie mein Herr, der Sie sich einer unglücklichen Leidenschaft so gut zu bedienen wussten, mich, und diejenigen Elend bereiteten, die mir auf der Welt die nächste war! O, daß Sie den Schmerz nie fühlen, möchten, den Sie mich als Mutter verursachten, durch Ihre Unbesonnenheit verursacht haben! aber Sie werden, sie müssen ihn fühlen; den,

Sie

Sie sind ein Mörder, der Unschuld und der Freundschaft!

Bernau. (außer sich) Ich bin es gnädige Frau; mein straffendes Gewissen, sagt mir es, daß ich es bin, ohne Ihre mütterliche Vorwürffe! ich suche keine Entschuldigung in die Beweise, daß meine Liebe schuld an meine Verblendung war. Das Bösewichter mich hintergangen, welche jetzt frolocken, zwey liebende Seelen getrennt zu haben. Die Bosheit soll triumphieren, ihren teuflischen zweck erreicht zu haben! — — Du weinst Lotte? ich habe auch Geweint, blutige Thränen! ich hofte, deine Hand sollte sie mir troknen! — aber Du preßt mir neue aus!—

Lotte. (voll Mitleid in ihrer Mutter Armen fallend) Meine Mutter!

Fr. v. Wallstät. (erschrocken) Wie meine Tochter? versteh' ich dich? Du in den Armen eines Mörders? — Ich kenne Dich nicht mehr! Du bist nicht mehr meine Tochter!

Lotte. Lassen Sie uns fort von hier; lassen Sie uns eilen meine Mutter!

Bernau. Eher Sie gehen — — einen Blick Ihrer Verzeihung! — und Sie! — und Lichtenberg — sind gerächt!

Lotte. (mit zärtlichen Mittleiden, ihn ansehend) Bernau — —

Frau

Frau von Wallſtät. (indem Sie gehen
wollen) Gott verzeih Ihnen den Kummer,
den Sie über mein Haus gebracht, ſo wie ich
Ihnen verzeihe.

Bernau. (indem er ſich erſticht.) Und ſo
hat aller Kummer ein Ende!

Lotte. (reißt ſich von ihrer Mutter loß,
und ſtürzt neben Bernau im Ausbruch der
äußerſten Verzweiflung mit den Worten.)
Barmherziger Gott! — Bernau!

Fr. v. Wallſtät. Schrecklich! ſchrecklich!
welch ein neuer Jammer!

Bernau. (Lotte umfaßt ihn, er wehrt
ihre Hände von ſich) Zurück! — ein Mörder ſtirbt nicht in den Armen eines Engels!
— — euren Segen! — die rauſchende Feſ-
ſeln des Todes! — deine Hand! — — Lotte! — — Lichtenberg! — ein ſchwerer —
Kampf — — flucht mein — Andenken nicht
— Ah! — (er ſtirbt.)

Lotte. (in äußerſter Verzweiflung) Er
ſtirbt! er ſtirbt! allmächtiger Gott! Bernau!
Bernau! nimm mich mit dir! — — umſonſt
umſonſt! er iſt dahin! Elend, und Jammer
über mich! der Tod verſteht den Wink nicht!
— — er eilt mit dein theuers Leben dahin,
ohne den kleinen Reſt des Meinigen mitzunehmen. Ha! grauſamer Tod, was ſoll mir
das Leben, ohne den, um deſſentwillen
nur

nur allein mir mein Daseyn lieb war! — O
Bernau! Bernau! wie bist du gefallen!
wie elend läßt du mich zurück.

Fr. v. Wallstät. (bemüht sich Lotten
von den Leichnam zu bringen) Lotte! mein
Kind! meide den Anblick!

Lotte. (mit starrer Wildheit.) Er ist
schrecklich! — — Nicht, meine Mutter?
der Anblick ist schrecklich?

Fr. v. Wallstät. Gott! ich frage ihn
nicht! Komm meine Tochter, komm an meinen Busen, und gebiete deinen Schmerz.

Lotte. Ha! — — könnt' ich das Mutter! könnte ich ihn zusammenfassen, in einen
Laut über die Erde hinschreyen! die Grund-
feste der Erde müste erschüttern, unsere Verderber in Abgrund stürzen, und Bernau er-
wachen! aber umsonst, du bist todt, und ich
bin schlimmer als todt.

Fr. v. Wallstät. Kind, der Schmerz
raubt dir deine Vernunft.

Lotte. Sagen Sie das Mutter? — —
ich will ihm den Ziegel lassen; ich fühle
mich so wohl dabey! ob das allen Mördern
seyn mag? — —

Fr. v. Wallstät. Nicht du. Er selbst
war sein Mörder!

Lotte. Nein Mutter! Ich liebte Ihn,
über alles liebte ich Ihn; und hieß Ihm ei-

J   nem

nem Mörder! und so wollte er nicht umsonst
von mir geheissen seyn, das ist die ganze Geschichte.

Fr. v. Wallstät. Gott! sieh' mein Leiden! nimm von mir die Schmerzen einer unglücklichen Mutter, und erhalte mir mein
Kind!

Lotte. (indem sie langsam aufsteht, und
den Leichnam starr ansieht.) Da liegen nun
alle meine Freudenvolle Träume! die mich
oft über mich selbst erhoben! — — O!
Schicksal, warum täuschtest du mich so? du
verhießest mir Wünsche und Hofnungen, und
überließest deren Erfüllung, der Sichel des
ehernen Todes (faßt ihre Mutter mit der
linken Hand, an derern rechte, ohne von den
Leichnam weg zu sehen.) Sehen Sie, wie
er da liegt! wie im Schooße der Seeligkeit!
— — Sehen Sie das Lächeln seiner erstarr-
ten Miene! — sie sagt noch eben das, was
sie sagte, wenn ihn für himmlischunschuldig
Wonnegefühl in meinen Armen die Sprache
vergieng! Nur daß der häßliche Tod, alles so
einer häßlichen einfachen Farbe hat werden
lassen! pfuy! über den häßlichen Tod! die Rose
so auf einmal zu entstellen, das sie auch nicht
die geringste Spur von ihrer ehmaligen glühen-
den Farbe zurück läßt! (im Ausbruch einer
betäubten Fantasie.) Ha! itzt schwebt sein Geist
em-

empor! — gleich einen Seraph, vor dem
Throne des Ewigen! verklage mich nicht als
deine Mörderin! der Richter weis es schon,
ich bin schuldig, und läugne es nicht, sende
mir Verzeihung von oben herab. (wild) Schon
hör' sich den Sturmwind über den Hügel
brausen, der deine Gebeine verschließt! —
Und wie lange? — Bis an jenen großen
Tag! (gemäßigt) Ha! daß er da wäre, und
ich meine Schuld abgebüßt hätte! — Und
dann — O! der Wonne Gedanke! — Da
werd' ich vereint mit dir leben. Da wird
ewig keine Trenung seyn! Da wird kein Un-
geheuer, Eifersucht, Zwist und Mißverstand
ausstreuen. (in heftigen Weinen ausbre-
chend.) Da wird ungetrübt, jede Wange
voll Freude, und Frühling glüh'n! Da wird
Ewigkeit, das Bündniß der reinen Liebe knü-
pfen. (wirft sich aus überwältigten Schmerz
wieder neben den Leichnam, und küßt ihn.)
O Bernau! Bernau.

Fr. v. Wallstät. Lotte, du vergißt deine Mutter, du willst auch meinen Tod!

Lotte. Nein Mutter! — — Aber liegen
will ich hier! will den Kelch des Schmerzens
leeren, bis der Schmerz selbst sagt; es ist
genug! (sinkt über den Leichnam.)

Fr.

Fr. v. Wallstät. Gott erbarme dich unser! sende Trost in ihre Seele, lohne meine Mütterliche Zärtlichkeit, nicht mit immerwährendes Elend! — O Menschheit! Menschheit, sieh' hier das Bild, wie Eifersucht, Freundschaft und Liebe tödtet.

Ende des Trauerspiels.

Wegen verschiedenen eingeschlichenen Druckfehler, wird der Leser ergebenst ersucht, selbige beym Lesen zu korigiren. Die Zeit erlaubt nicht mehr, als folgende drey Hauptfehler anzumerken.

Seite 8. l. statt Aufzug, Auftrit.
— — 63. Zeile 23. hat Lotte nur die Worte; Liebe! liebe; Nach diesen Worten gehört Bernau die Rede ganz.
— — 21. Zeile 13. l. statt Nord, — Mord.